KB009838

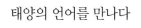
태양의 언어를 만나다

당신의 시선을 조금 바꿔줄
스페인어 이야기

태양의 언어를 만나다

그라나다 지음

북스토리

나는 신과 대화할 때는 스페인어로, 여성들과는 이탈리아어로, 남성들과는 프랑스어로, 내 말(馬)과 얘기할 때는 독일어로 말한다.

Hablo español con Dios, italiano con las mujeres, francés con los hombres y alemán con mi caballo.

– 카를로스 1세(Carlos I) –

카를로스 1세는 16세기 신성로마제국을 통치하며 유럽을 넘어 아메리카 대륙을 다스렸다. 그 후 스페인은 아시아 필리핀 제도까지 다스리며 '태양이 지지 않는 나라'라고까지 불리게 되었다.

이후 세계 패권은 네덜란드, 영국, 프랑스, 미국 등으로 옮겨 졌고, 이제 영어가 세계 공용어다. 많은 세월이 지났지만, 미국 령인 괌과 푸에르토리코는 아직 스페인의 영향이 남아 있고, 필리핀 사람 이름을 보면 여전히 스페인식이 많다.

이제 '태양이 지지 않는 나라'도 아닌데 왜 스페인어를 '태양 의 언어'라고 했을까. 스페인어와 한국어의 만남이 태양처럼 밝고 따스하다는 생각이 들었다.

두 언어를 비교하며 양 언어 속에 녹아 있는 문화와 특징을 발견할 수 있었다. 새로운 언어를 배우며 우리는 당연하게 생 각했던 것들도 그렇지 않다는 사실을 깨닫는다. 간단한 예시 하나를 들고 싶다. 스페인어에서는 하늘의 신도 '너(tú)'라고 부 른다. 그 높으신 분을 어떻게 '너'라고 할 수 있을까.

책을 통해 이외에도 다른 차이점을 이야기하며 세상에는 다 양한 삶의 방식이 있다는 점을 말하고 싶었다. 천편일률 같은 사회 안에서 또 다른 세계를 엿볼수 있는 해방구처럼.

동시에 언어를 초월하여 같은 인간으로서 느끼는 삶의 희로 애락에 대해서도 다루고 싶었다. 인간이라면 어찌할 도리가 없 이 흘러가는 시간에 대한 야속함, 이성 간 느끼는 미묘한 감정, 인접 국가끼리 느끼는 애증. 이 땅 위에 발을 딛고 살아가는 사람들의 공통점을 바라보면 공감과 연대의식을 느낄 수 있지 않을까.

이렇게 특수성과 보편성 위를 넘나들며 외국어를 배우면서, 또 하나의 생각 창구를 얻는 동시에 모국어에서 받지 못한 낯선 타자의 위로를 받을지도 모른다.

C O N T E N T S

제2장

내일도 안녕하세요?

CONTENTS

제3장
빛나는 자유

제4장
시간은 질투심이 많다

제1장

인생의
모양

영원한 봄의 도시

Ciudad de la Eterna Primavera

서울의 겨울은 춥다. 매서운 도끼 바람이 살을 엔다. 사람들에게 좋아하는 계절을 물어보면 대부분 봄과 가을을 꼽는다. 일 년을 사계절로 나누면 한 계절당 평균 3개월 정도지만, 봄과 가을이 실제로 한국을 머무는 시간은 점점 짧아만 진다.

북반구에 위치한 스페인에도 사계절이 있다. 사계절은 각각 스페인어로 primavera(쁘리마베라, 봄), verano(베라노, 여름), otoño(오또뇨, 가을), invierno(인비에르노, 겨울)이다. 스페인은 면적이 한국보다 커서 지역마다 날씨 차이가 크다. 그렇다 해도 여름과 겨울 온도 차이가 한국만큼 심하지는 않다. 여름날 태양이 강렬하지만 공기가 습하지 않아 그늘 아래 있으면 괜찮고, 겨울이라 해도 두꺼운 패딩을 입을 만큼 영하 아래로 잘 떨어지지 않는다.

스페인 날씨와 비교해도 한국은 계절 간 온도차가 참 크다. 봄, 여름, 가을, 겨울을 느낄 수 있는 사계절은 한국의 장점이라고 배운다. 정말 장점일까.

- 사계절이 있으니 냉난방비가 많이 든다.
- 계절마다 다른 옷을 입어야 한다.
- 결국 부지런하지 않으면 살아남을 수가 없는 땅이다.

이 넓은 세계에서 평온한 봄과 가을 날씨만 계속되는 도시가 있지 않을까? 물론 있다. 남미 콜롬비아 제2의 도시 메데진(Medellín)은 연간 온도가 15~26도 사이이다. 포근한 봄날처럼 사랑의 기운이 샘솟는 날씨다. 광장에서 노숙하는 사람들에게도 친절한 날씨다. 한겨울 지하철 역사, 길거리에서 살아가는 서울의 노숙자들이 떠올랐다. 어떤 이들에게 서울에서 겨울날은 숨 쉬는 것만으로도 삶과의 사투다.

메데진은 별명이 있다. 영원한 봄의 도시(La Ciudad de la Eterna Primavera).

면적 기준 세계 14위인 멕시코 사람에게 콜롬비아 메데진에 대해서 이야기를 하니 이렇게 답한다. "그런 도시가 메데진 하나는 아니지, 중남미에 많은걸." 하긴 중남미 땅 면적을 생각해 봤을 때 그런 도시는 많을 테다.

다음은 '영원한 봄의 도시'라는 별명을 지닌 곳이다.

'영원한 봄의 도시' 리스트

국가	도시명
칠레	Arica
베네수엘라	Caracas
푸에르토 리코	Cidra
과테말라	Ciudad de Guatemala
볼리비아	Cochabamba
멕시코	Cuernavaca
콜롬비아	Medellín
에콰도르	Quito
온두라스	Tegucigalpa
페루	Trujillo
페루	Huánuco

영원한 봄은 한국에서는 이상향일 뿐 사계가 현실이다. 추운 겨울날이 또 이렇게 지나간다. 도끼 바람에 마음 아팠던 날들도 있었지만 훌훌 털어버리라고 다가올 봄이 말한다.

다사다난하지만 어쨌든 지나간다. 그리고 다시 찾아온다. 나무 나이테처럼 사계를 겪은 경험도 쌓여간다. 마음 다잡으라고 매번 알려주는 사계가 고맙다.

고마워요, 너한텐 아무것도 아니지

Muchas gracias, Nada para ti

– 미안해요, 감사합니다.

밥을 사줬더니 후배가 나에게 한 말이다. '미안하다'와 '감사하다'를 동일선상에서 들은 건 꽤 오랜만이었다. 후배도 나도 일본어를 공부해서 그 영향을 받은 듯하다. 일본어를 보면 '미안하다'와 '감사하다'는 거의 비슷한 뉘앙스다.

すみません。(미안해요.)
'스미마셍'이라 하면 '끝나지 않았다'라는 뜻으로 '내가 당신에게 미안한 기분이 끝나지 않았습니다'라는 의미다.

ありがとう。(고마워요)

'有り難い'는 '있기 어렵다'라는 뜻이다. 당신에게 은혜를 갚지 않고는 있을 수가 없다는 의미다. 은혜를 갚지 않았기에 상황이 '끝난 것이 아니고(스미마셍, すみません)', 그렇기 때문에 '있기 어렵다(아리가또, ありがとう)'가 동시에 튀어나온다.

그래선지 한국어를 할 때도 유독 미안해, 라는 말을 많이 썼다. 미안하고 고마우니까.

스페인어를 처음 배울 때는 차갑게 느껴졌다. 호의를 받았을 때 할 수 있는 말이 '감사하다'밖에 없다.

Perdón. (뻬르돈)

Perdona. (뻬르도나)

Disculpa. (디스꿀빠)

위 표현들은 '용서해줘'라는 뜻으로 '미안해'라는 의미로 쓰인다. 스페인어에서 '미안해(Perdona)'와 '고마워(Gracias, 그라시아스)'는 동일선상이 아니다. 상대에게 호의를 받으면 '고맙다'라고만 하면 된다.

한국어든 일본어든 고맙다는 말에 대해 답하는 표현은 한정된 듯하다. 아니야, 괜찮아. 혹은 아니야, 별거 아냐. 부정하고,

위로하기.

스페인어에서는 '고마워(Gracias)'라는 말을 들으면 다양하게 대답할 수 있다.

De nada. (데 나다)

별거 아냐.

Nada para ti. (나다 빠라 띠)

너한테 아무것도 아니지. / 너는 호의를 받을 만한 사람이야.

Mi placer. (미 쁠라세르) / Con mucho gusto. (꼰 무초 구스또)

내 기쁨이지.

상대의 감사한 마음을 인정한다. 그리고는 상대는 호의를 받을 만한 사람이라고 얘기하거나, 호의를 줄 수 있어 기쁘다고 표현한다. 감정의 긍정적 선순환이다.

스페인어 표현을 한국어에 적용하려고 하니 문화가 달라서인지 다소 어색하게 느껴진다.

A : 고마워.

B : 너는 호의를 받을 만한 사람이야.

A : 고마워.

B : 좋아하니까 나도 기쁘네.(이건 그래도 많이 쓰이는 듯하다.)

인간관계는 은혜를 받고 갚으며 이루어진다. 그 과정이 부담스러우면 관계의 단절이 일어나기도 한다. 실은, 내 얘기다. 타인의 호의를 받으면 내가 피해를 주는 것만 같아 부담스러웠다. 그래서 거리를 두려고 하기도 했다.

이러한 습관은 문화적 측면과 개인의 성향 등 여러 요인과 얽혀 있다. 이제부터라도 스페인어식으로 의식적으로 연습해보면 어떨까.

호의를 준 사람에게 고마워, 신의 은총(Gracias)을 빌어주고, 감사의 인사를 받으면 '나도 기쁘고, 상대는 호의를 받을 만한 사람이라고' 감정 선순환하기.

올해도 수고했어(생일, 나이)

Feliz cumpleaños

- 생일 축하합니다!

- Happy birthday!

- お誕生日おめでとうございます。

일 년에 딱 한 번 있는 생일은 기쁜 날이다. 아니, 마냥 기쁜 날은 아니었다. 두려움, 부담감, 슬픔도 수반된다. 누군가에게 축하받아야 하는데 아무도 몰라줄 수도 있다. 스스로 다른 사람에게 알리기도 애매하고, 잊고 싶어도, 내 정보가 등록된 가게에서 고객 생일 축하 메시지가 온다.

설렘을 주는 크리스마스 시즌에 누군가는 더 외롭게 느끼는 것처럼 특별한 날은 오히려 고독함을 던져주기도 한다.

생일은 나이를 한 살 더 먹었다는 증명일이다. 태어난 날로부터 점점 멀어지면서 죽을 날에 가까워지는, 인간이라면 누구나 피할 수 없는 숙명(amor fati)이다. 그렇다면 스페인어로는 '생일 축하해'를 어떻게 말할까.

¡Feliz cumpleaños! (펠리스 꿈쁠레아뇨스)
행복한 생일!

국어사전에서 생일의 뜻을 보면, '세상에 태어난 날, 또는 태어난 날을 기념하는 해마다의 그날'로 나와 있다. 생일(生日, 태어난 날)의 어원은 첫 번째지만 두 번째 뜻으로 인사말을 한다.

스페인어로 생일은 어원부터가 태어난 날이 아닌, 후자(태어난 날을 기념하는 날)다. cumple(수행하다)+años(해)의 합성어로 여러 해를 수행한다는 뜻이다. 태어난 날로부터 매년 한 해씩 잘 수행한 것을 기념하는 날을 뜻한다.

생일의 뜻을 단순히 태어난 것을 축하받는 날이 아닌, 태어난 날로부터 한 해, 한 해 버티면서 성장했다고 스스로 격려하고, 주변 사람에게 감사를 표하는 날이라고 바꿔 생각하니 더 이상 생일을 앞두고 부담감을 느끼지 않게 되었다. 누군가의 도움이 있었기에 매해 잘 성장할 수 있었다고 깨닫고, 감사를 표하기도 한다.

나이를 먹으며 태어난 날로부터 멀어지는 것이 꼭 단점만 있지는 않다.

Más sabe el diablo por viejo que por diablo.
악마가 더 많이 아는 것은 악마라서가 아니라 오래 살았기 때문이다.

잔꾀나 좋은 머리보다도 연륜에서 나오는 지식과 지혜는 무시할 수 없다는 격언이다. 경험을 통해 같은 실수를 덜 하는 능력이 생긴다. 시행착오를 겪으면서 본인의 취향, 어울리는 것 등을 알아간다. 삶에 있어서 여유가 생긴다.

스페인어에서 '몇 살이에요?'라고 묻는 표현은 아래와 같다.

¿Cuántos años tienes? (꽌또스 아뇨스 띠에네스)

영어로 옮기자면 'How many years do you have?'로 몇 해를 갖고 있냐는 뜻이다. 나이란 태어난 이후 내가 경험한 햇수다.

경험치가 쌓여 시야도 넓어진다.

삶은 지나온 해들이 쌓이는 것, 그리고 그것을 밟고 올라가 더 먼 곳을 볼 수 있도록 성장하는 과정이 아닐까.

너와 당신, 그리고 꼰대

Tú y Usted, y Conde

– 아, 그런데 몇 살이세요?

처음 만난 사람과 대화를 이어나가기 위해서 어쩔 수 없이 질문한다. 놀랍게도 한 살이라도 차이가 나면 계단이 생긴다. 1년 단위로 학년이 나뉘기 때문에 학교를 졸업해도 상하관계는 피할 수가 없다.

스페인어를 배우게 되면 이런 계단에서 벗어나는 해방감을 맛보게 된다. 장유유서, 존댓말이라는 장벽에 갇혀 한국어 안에서는 한정된 인간관계를 맺기가 쉽다. 그런데 스페인어를 쓰는 순간 너와 나는 친구(amigo아미고, amiga아미가)가 된다. 한두 살은커녕 몇십 살 차이가 나도 마찬가지다. 그러면, 어디서 눈

똑바로 뜨고 어른을 쳐다봐, 가 아니라 눈 똑바로 뜨고 나이와 관계없이 토론을 할 수 있게 된다.

스페인어에는 '동사변형'이 있다. 주어(인칭대명사)에 따라 동사 모양이 바뀐다.

스페인어 인칭 대명사

인칭 / 수	단수	복수
1인칭	Yo 나	Nosotros/as 우리
2인칭	Tú 너	Vosotros/as 너희들
3인칭	Él 그 Ella 그녀 Usted 당신	Ellos 그들 Ellas 그녀들 Ustedes 당신들

＊Vosotros/as 는 중남미 미사용

한국 사람들은 자동반사적으로 어른을 지칭할 때 너(tú)와 구분되는 당신(usted)을 고르곤 한다. 그러나 스페인어는 상하관계가 아니라 사람 간 가깝고, 멀고를 나타내는 거리의 언어다. 나와 나이 차이가 많다고 해도 심리적으로 가까우면 너(tú)다. 신(Dios)에게도 너(tú)를 쓴다.

여러 해 전부터 꼰대라는 말이 유행이다. 원래 있던 말이나 근래에 더욱 부각되는 듯하다. 꼰대란 상대방의 말을 듣기보다는 나이나 직급에 따른 상하관계를 기반으로 구태의연한 사고방식을 상대방에게 강요하는 사람들을 가리키는 표현이다.

그 어원에 대해서 영남지역 사투리라는 등 여러 가지 설이 있지만 그중 하나로 불어 'Comte(콩트, 백작)'에서 왔다는 얘기도 있다. 일제 강점기 때 작위를 수여받은 사람들이 스스로 백작이라고 칭해 이를 비꼬기 위해 쓰였다는 설이다. 백작은 스페인어로 Conde로 발음은 '꼰데'다. 한국어 '꼰대'와 발음이 정말 비슷하다!

과거 모든 귀족계층이 현대에서 생각하듯 우아하지는 않았다. 로마시대에 약탈을 일삼는 이민족에게 회유정책의 일환으로 귀족 칭호를 내린 경우도 있었다. 우아해지라고 칭호를 내린 셈이다.

한국의 백작(꼰대)들도 마치 회유정책으로 받은 칭호 같다. 백작 칭호를 받은 사람들이 스스로 꼰대라는 왕관을 내려놓으려면 어떻게 해야 할까?

기본적으로 '너와 나(Tú y yo)'의 개념에 서 있으면 되지 않을까. 같은 높이에 서보는 것이다. 한 계단 위에 있으려고 하지 않고 수평적 관점에서 사람들을 바라보고, 경청하는 자세. 그러면 사람들에게 회유정책으로 받은 백작 지위(꼰대)를 자연스레 내려놓을 수 있지 않을까.

너를 좋아하게 만들어

Me gustas

한국어는 자주적이다. 한국어 화자는 행동 시 스스로 책임감을 갖고 말한다.

자주적(自主的) [표준국어대사전]
남의 보호나 간섭을 받지 아니하고 자기 일을 스스로 처리하는 것.

'자기소개를 하겠습니다'를 각 언어로 다음과 같이 말한다. 영어, 스페인어에서는 '자기소개하도록 허락해주십시오'라는 구문을 쓴다. 영어 Let과 스페인어 dejar(데하르), permitir(뻬르미띠르)는 '~하도록 시키다'라는 표현이어서, 누군가가 허락해서 내가 행동한다는 뜻이다.

언어별 자기소개 표현

언어	표현
한국어	자기소개를 하겠습니다
영어	Let me introduce myself
스페인어	Permítame presentarme
일본어	自己紹介をさせていただきます

일본어도 마찬가지다. 自己紹介をさせていただきます.(자기소개시켜 주셔서 하겠습니다.) させて(시키셔서) + いただく(제가 받습니다)는 정말 많이 쓰이는 형식이다. 나는 아직도 자연스럽게 이 표현이 입에서 안 나온다. 내가 하는 것인데 왜 남이 시켜서 혹은 남이 허락해서 한다고 말해야 하는 것일까.

물론 위 언어들도 한국어와 같은 형태로 말할 수야 있겠지만, 일반적으로 많이 쓰이는 표현을 기준으로 했다.

타인이 허락해서 내가 한다는 표현은 상대의 의향을 확인하는 배려 깊은 문장일 수도 있지만, 책임을 회피하기에 좋은 말이기도 하다.

한국어에서도 비슷한 표현은 있다. 옛 사극에서 많이 들었던 표현이 생각난다. '분부대로 하겠사옵나이다'. 그리고 보니 영국, 스페인, 일본 모두 현재 왕이 존재하는 입헌군주국이다.

스페인어에서는 '내'가 느끼는 감정과 감각도 '대상'이 그렇게 하게 만들었다고 표현한다.

1) 나는 등이 아프다.
2) 나는 너를 좋아한다.
3) 나는 이 얘기가 재밌다.

위 세 문장은 스페인어로는 다음과 같이 표현한다.

1) Me duele la espalda.
　등이 날 아프게 한다.
2) Me gustas tú.
　너는 내가 너를 좋아하게 한다.
3) Me interesa este cuento.
　이 이야기는 나를 재미있게 한다.

위 동사 외에도 사물이 주어가 되는 표현은 정말 많다. 수동적인 외국식 표현을 한국어에 그대로 이식했을 때 어색하고 번역 어투 같다고 비판을 받는다. 반대로 현지어로 번역할 때에는 사물을 주어로 잡으라는 조언을 듣는다.

몇몇 표현을 예시로 들어봤다. 언어는 우주처럼 무궁무진하여 내 예시와 반대로 어떤 부분에서는 스페인어에서 한국어보다 주체적인 표현을 쓰는 경우가 있을지도 모르겠다. 하지만 명확히 '나'를 주어로 하는 구문이 한국어에 훨씬 많다.

한국어에서는 타인도 사물 탓도 하지 않는다. 등이 날 아프게 하고, 너는 내가 널 좋아하게 만들었다고 말하지 않는다. 내가 아프다고 말하고, 내가 좋아한다고 말한다.

언어는 행동과 성격에 영향을 미칠 텐데 나는 주체적인 사람이었을까. 사물과 남 탓을 했는지, 책임을 회피하려고만 한 것은 아닌지 돌이켜본다.

걱정 많고 소심한 사람들에게

Estimados señores preocupados

한국어로 '걱정'은 '안심이 되지 않아 속을 태우는 마음'을 뜻한다. 스페인어로는 pre(먼저)+ocupado(차지한)의 결합으로 preocupado(쁘레오꾸빠도, 걱정하는)라고 표현한다. 즉, 스페인어에서 걱정이란 실제 일이 일어나기도 전에 먼저 채워진 마음을 뜻한다. 내 멋대로 부정적으로 상상하고, 두려워하는 마음은 부정적인 기운을 내뿜는다.

preocupado라는 단어는 좋지 않다고만 생각했다. 친구가 다음과 같이 하는 말을 듣기 전까지 말이다.

‐ 난 un hombre preocupado(운 옴브레 쁘레오꾸빠도, worried guy)가 이상형이야.

특이하다고 생각했다. 걱정을 많이 하는 남자? 알고 보니 preocupado에는 걱정하다 외에도 '타인을 돌보는' '관리하는' 등의 뜻이 있었다.

Un hombre preocupado por su familia y por su belleza

가족을 돌보고, 미용에 관심 있는 남자

위 문장에서 쓰인 preocupado는 영어 concern과 비슷하다. 아래는 concern의 동의어다. [*]

뜻 1. 걱정 (worried) / anxious, nervous 등

뜻 2. 동정 (sympathy) / (돌보다) care, consider 등

뜻 3. 책임감 (responsibility) / (의무, 담당) duty, interest 등

뜻 4. 관계 있는 (about) / relevant, involved 등

(뜻 1) 걱정을 한다는 것은 누군가에게 동정심을 느낀다는 것이다. (뜻 2) 동정심은 돌보고 싶은 마음을 데려온다. 누군가를 돌본다는 것은 (뜻 3) 책임감이 필요한 일이고 (뜻 4) 서로 관계

---

[*] WordReference English Thesaurus © 2020

가 형성된다. 걱정이란 녀석으로 인해 사회에서 책임이 생기고 사람 간 공감대를 형성하여 관계를 맺게 된다.

　사전의 1~4 뜻처럼 걱정하는 마음이 긍정적인 씨앗이 될 수도 있다. 소심한 마음도 마찬가지다. '소심하다'의 유의어인 인색하다는 의미가 아니라 조심성이 많은 경우에 대해서 얘기하고 싶다.

　홍콩 여행을 했을 때 한국과 같은 한자인 번체를 써서 글씨를 읽을 수 있었다. 돌아다니다가 인상 깊은 표현을 발견했다. 도시가 미끄러운지 경고가 여기저기 많이 붙어 있었다.

　小心地滑(소심지활) : 미끄러운 지면 조심.

　'조심'은 중국어로는 '小心(소심)'이라고 말한다. 생각해보면 소심한 마음은 조심을 많이 하는 신중한 성격에 기인한다. 다 생존본능에서 나온 것이다.

　대범한 마음이 생기면 그것대로, 걱정하거나 소심한 마음 역시 그것대로 의미가 있으며, 소중히 보듬어줄 필요가 있다. 다 생각하기 나름이다.

사실은 다르다

La verdad, es diferente

스페인어권 사람들은 솔직하다는 인식이 있다. 그렇지만 비즈니스 세계는 다른가 보다. 중남미와 스페인 사람들은 당장이라도 처리할 듯 얘기하지만 안 해놓거나, 동의할 것처럼 하지만 결국 거절하는 경우가 많다. 멕시코 바이어가 한 말이 기억에 남는다.

– 아직도 말하는 것을 다 믿나요?

세상은 사지선다형 시험이 아니다. 경우의 수가 무수히 많다. 우리도 '세 번은 물어봐야' 한다는 말이 있을 정도로 즉답을 피하거나, 우회적으로 말하는 겸양의 문화 속에 있다. 그래서 가끔은 눈치볼 필요 없이 모두가 속마음을 솔직하게 말하는 세상을 상상해본다.

보이고 들리는 것이 전부라면 얼마나 편할까? 영어는 보이는 철자와 들리는 발음이 다를 수 있다. 한 모음에서 여러 소리를 내기 때문이다. 그래서 영어를 배울 때 대괄호 속 [발음기호]를 확인한다. 단어가 실제로 의도한 소리를 찾기 위해서.

반면 스페인어는 그들의 비즈니스 태도와는 달리 발음이 솔직하다. 즉, 보이는 대로 들린다는 뜻이다. 알파벳 한 개는 하나의 소리만을 낸다. ph가 만나 f발음이 나는 영어와 달리 두 개의 철자가 만나 다른 소리로 바뀌는 경우도 거의 없다. 의도를 찾기 위해 발음기호를 굳이 찾아볼 필요가 없다. 악센트를 넣는 위치가 정해져 있고, 이 법칙에서 어긋나는 단어는 친절하게 단어 철자에 악센트 표시를 한다. 악센트 기호를 빼도 되냐는 궁금증이 생길 수도 있는데 빼서는 안 된다.

일본어처럼 스페인어도 모음이 아, 에, 이, 오, 우 다섯 개이며 프랑스어와 달리 하루 반나절만 투자하면 바로 읽고 쓸 수 있다. 프랑스어처럼 모음 하나를 표현하기 위해 알파벳 3개 이상을 쓰는 경우는 없다.

악센트 철자에 들어가는 단어 예시

한국어	스페인어	한국어	스페인어
커피	café	아기	bebé
토요일	sábado	역, 계절	estación

스페인어 발음체계는 간결하고 경제적이다. 1887년 발표된 사람이 만든 언어인 에스페란토어의 상당 부분이 스페인어와 비슷하다고 한다. 라틴어 계통 중 스페인어가 발음, 철자 면에서 경제적으로 발전한 언어이기 때문이 아닐까.

세상이 스페인어 발음체계처럼 명확하다면, 보이고 들리는 것이 전부일 것이다. 모든 사람들이 하는 말에, 속마음을 나타내는 [속마음 기호]라도 있으면 좋으련만. 그 의도를 찾을 수 있도록.

긍정은 노력을 요한다

Ser optimista o ser positivo

강독 수업 첫 시간이었다. 선생님께서 아래와 같이 질문하셨다.

– (교재를 들며)이 책에 대해서 어떻게 생각하나요?

내가 보기에 책은 특징이 없었다. 표지가 세련되지도, 구성이 신선하지도 않았다. 일동 침묵. 그러자 선생님께서 말씀하셨다.

– 왜 아무 말도 못 하지? 이 책이 작고 가벼워서 갖고 다니기 편하잖아. 이런 것도 좋은 특징 아닌가. 우리는 특징을 찾으려고 하면 무언가를 비평하려는 습관부터 있는 것 같아.

그때는 스물한 살이었고 이제는 많은 세월이 흘렀지만, 아직도 그 첫 시간이 생생하다. 그 후에 진행된 강독 수업보다도.

선생님 말이 맞았다. 나 역시도 선생님이 책에 대해서 의견을 말하라고 했을 때 책의 구성이나 디자인만 생각했지, 책의 무게는 생각지 못했다. 책에 대해서 제대로 비평하지 않으면 예습하지 않았다고 혼나지는 않을까, 그 짧은 순간에도 전전긍긍했다.

살아가면서 긍정적인 사고방식이 중요하다고는 생각하면서도 실생활에서는 뒷전으로 여기기 십상이다. 부정적인 상황을 상정하고 거기에 준비를 하는 습관이 있다. 상황이 좋게 흘러가면 다행인 것이고.

그러고 보면 '긍정적'과 '낙관적' 두 단어를 혼재하여 쓰는 경우가 많다. 긍정적(positivo, 뽀시띠보)은 어떤 것을 받아들인다는 뜻이다. '~을 승인하다' '인정하다'의 개념으로 '~을 긍정하다'라는 표현을 쓴다.

긍정적 사고방식은 부정적(negativo, 네가띠보)으로 밀어내지 않고 어떤 사물을 접해도 장점을 보거나, 좋지 않은 상황에서도 선한 것을 기대하며 배척하지 않고 받아들인다.

낙관적은 스페인어로 optimista(옵띠미스따, 영어로는 optimistic)

로 번역되는데 두 단어의 뜻이 비슷하나 동일하지는 않다. '낙관적'은 인생과 사물을 밝고 희망적으로 본다는 뜻이다. '최적화하다(optimizar)'라는 동사에서 파생된 optimista는 모든 것이 최적화, 즉 가장 좋은 상황이라고 생각하는 것이다. 반대어로는 '세상을 싫어한다'는 염세적(pesimista, 뻬시미스따)이라는 단어를 쓴다. pesimista는 가장 최악인 상태로 판단한다는 뜻이다.

낙관적인(optimista) 사고방식과 긍정적인(positivo) 사고방식은 비슷하면서도 다르다. optimista는 이미 상황이 최상이라고 바라보기 때문에 부정하지 않는 것이고, positivo는 완벽한 상황은 아니지만 내가 좋은 방향으로 생각해서 받아들이는 것이다. 내 노력이 개입되어 있는 것이다.

강독 책은 최적화되어 있지는 않았다. 하지만 장점이 있었다. 그렇기에 좋은 책으로 받아들일 수 있다. 세상을 바라보는 시선도 결국 그 책을 바라보는 방법과 같지 않을까. 긍정적인 (positivo) 사고는 노력을 요한다.

중국인 그리고 흑형

Chinos y negritos

쿠바 남자(cubano, 꾸바노), 쿠바 여자(cubana, 꾸바나)

칠레 남자(chileno, 칠레노), 칠레 여자(chilena, 칠레나)

일본 남자(japonés, 하뽀네스), 일본 여자(japonesa, 하뽀네사)

스페인, 중남미에서 한국인이 많이 듣게 될 말

중국 남자(chino, 치노), 중국 여자(china, 치나).

그리고 실제 우리

한국 남자(coreano, 꼬레아노), 한국 여자(coreana, 꼬레아나).

중남미에 가면 '치노, 치나'라는 말을 많이 듣는다. 길거리를 지나가도 사람들이 중국어를 흉내내는 듯 ching, chong, chang 이라는 소리를 낸다.

어떤 한국 사람도 '치노'라는 단어에 지쳤나 보다. 아래는 콜롬비아 한 카페에서 있었던 웃기면서도 슬픈 일화다.

점원 : ¿Quiere capuchino?

　　　카푸치노 원하세요?

손님 : No soy chino, soy COREANO.

　　　저 중국인 아니예요, 꼬레아노(한국인)예요.

점원 : Sí, señor, CapuCOREANO.

　　　네, 고객님, 카푸꼬레아노요.

이제 한국 영상매체에 외국인이 많이 등장한다. 낯선 타자는 점점 우리 문화 속으로 들어오고 있다. 전라도 사투리를 쓰는 외국인, 전국노래자랑에서 노래를 부르는 외국인.

친근감의 표시로 그들을 '흑형, 흑누나'라고 부르기도 한다. 그런데 그 표현을 듣는 당사자들은 기분이 좋지 않다고 한다. 노래를 잘하거나, 멋진 체격을 가진 사람들이 흑인 중에 많다고 생각해서 존경과 친근감의 표시로 부르는데 왜 기분이 나쁠까? 좋은 의도라도 신체 특성을 부르면 안 되는 것일까? 호의가 인종차별로 치부받으니 억울할 수도 있다.

일단 듣는 사람이 원하지 않는다면 안 하는 게 맞다. 낯선 타자를 그룹 짓는 것은 개인을 존중하지 않는 행동이다. 모든 흑인이 노래를 잘하거나 체격조건이 좋은 것은 아닐 테니.

정말 존중의 의미라면 개인의 특성을 부르는 편이 낫다. 그러기 위해서는 관심을 갖고 누군지 잘 알아야 한다.

No me gusta el fútbol.

나는 축구를 좋아하지 않습니다.

묻지도 않았는데 스페인 북부 바스크 지역 사람이 자기소개를 하며 먼저 이야기한다. 스페인 국민 대부분이 축구팀 FC 바르셀로나와 레알마드리드에 열광하는데 그들과 구별하고자 하는 이유에서인지 선을 긋는다.

스페인은 지역별로 문화, 언어가 다르고, 독립하고 싶어 하는 지역들이 있다. 그래서 '스페인'으로 묶이고 싶지 않은 사람들도 많다. 이처럼 국가에 대한 선입견으로 개인에게 쉽게 질문해서는 안 되는 경우가 더러 있다.

우리 역시도 외국에서 개인의 특성으로 이해받고 싶지, 한국인이라는 큰 틀로 규정받고 싶지 않을 것이다. '한국인은 역시 노래를 잘해, 한국인은 역시 정열적이야'라는 말이 아닌, '너는 노래를 잘한다, 너는 참 정열적이야'라는 말을 더 듣고 싶을 것이다.

　해외에서 중국인이라고 불리울 때 불쾌한 이유는 '나'라는 고유한 사람의 정체성을 송두리째 무시하고 중국인 혹은 아시아 사람이라는 프레임으로 묶어버리려고해서이지 않을까.

감정은 누구 것일까, 나는 기쁜가

¿Estoy feliz?

Yo estoy feliz는 한국어로 '나는 행복하다'이다. Ellos están felices는 주어가 '그들'인 문장이다. 그렇다면 한국어로는 '그들은 행복하다'일까?

이와 관련해서는 이미 많은 국문학자, 언어학자들이 언급했다. 사람이 느끼는 감정과 지각을 나타내는 표현을 감각 형용사, 심리 형용사라고 하는데, 나(1인칭)일 때와 타자일 때 표현이 달라진다. '나는 배가 고프다' '나는 기쁘다'라고 할 수 있어도, '당신은 배가 고프다' '당신은 기쁘다'라고 할 수 없다는 것이다.

전지적 시점이 아니고서 상대의 내면 상태를 어떻게 안단 말인가. 대신 우리는 이렇게 말한다. '당신은 배고파한다' '당신은 기뻐한다'라고.

다시 첫 문단으로 돌아가서 Ellos están felices를 한국어로 어떻게 말할 수 있을까? 그렇다, '그들은 행복해한다' 이다.

의아했다. 서양 언어라 해서 어떻게 확신을 갖고 타자의 감정을 말할 수 있을까, 혹시 문장 앞에 creo que(~라고 생각한다), parece que(~처럼 보인다) 같은 추측 표현이 붙어 있지 않을까 하고 예문을 찾아보았다.

Sin embargo ellos están felices en la playa.
그럼에도 그들은 해변에서 행복해 했다/ 행복했다.
Seguramente todos ellos están felices.
그들은 확실히 기뻐했다/ 기뻤다.

타인의 감정에도 추측 표현이 들어가지 않는 점이 새삼 놀라웠다. 타인의 감정도 일인칭처럼 표현하는 스페인어 문장들을 보면서 '감정은 누구의 것인가'라는 질문이 떠올랐다.

돌이켜보면 오랜 시간 내 감정은 타인의 것이었다. 내가 느끼는 감정에 확신이 없었고, 타인이 정해주면 그제서야 확신이 생겼다. 심한 말을 들은 후 기분이 이상해도, 기분이 나쁜 것인지도 몰랐다. 상대가 사과를 하면 그제서야 그 말이 심했다고 깨달았다.

그런데 의외로 자신의 감정을 제대로 파악하는 연습을 안 해 본 사람들이 많다고 한다. 감정이 올라오면 억누르거나 회피하면서 살아간다. 자신에게 올라오는 감정의 본질이 화인지 서운함인지 헷갈려 부정적인 감정이라는 하나의 덩어리로 묶어버리고 치워버리려고만 한다.

부정적인 감정도 수용하고 헤아릴 수 있는 마음의 체력이 필요하다. 그러면서 자신의 감정을 정면으로 마주하는 경험이 축적된다. '장애'라는 다소 커 보이는 말이 '선택'이란 단어와 붙으면 가벼운 시쳇말이 되어버린다. '선택장애'가 있는 '착한 아이' 콤플렉스를 가진 사람들이 많아서인지 이 단어가 널리 쓰인다. 장유유서 등으로 특히 우리나라에 '착한 아이'들이 생기기 쉬운 듯하다.

자기감정에 확신을 갖는 용기가 필요하다. 자신의 감정마저도 확신하지 못하고 제대로 깨닫지 못하면 결국 타인과의 건강한 소통에도 영향을 미친다. 자신의 감정을 솔직하게 받아들이는 연습이 성장 과정에서 우선이지 않을까 싶다.

어른이 되어도 성장 과정은 계속 이어진다.

Enamórate de ti, de la vida, y luego de quien tú quieras.

당신과 삶을 우선 사랑하라, 그 다음 당신이 원하는 사람을 사랑하라

－ 프리다 칼로(Frida Khalo, 멕시코 화가) －

┄┄ **PS** ┄┄┄

감정에 관한 스페인어 표현

alegre(알레그레) 기쁜	triste(뜨리스떼) 슬픈
enojado(에노하도) 화난	aburrido(아부리도) 지루한
asustado(아수스따도) 무척 놀란	feliz(펠리스) 행복한
bien(비엔) 좋은	mal(말) 나쁜

당신은 존재합니까?

La existencia, Estar y Ser

– To be or not to be, that is the question.

『덴마크 왕자 햄릿의 비극』에 나오는 유명한 대사다. 우리가 익히 알고 있는 be 동사의 뜻은 '있다, 존재하다'이다. 이 유명한 문장은 일본과 한국에서, '존재하느냐 존재하지 않느냐'가 아닌 아래와 같이 번역되었다.

– 사느냐, 죽느냐 그것이 문제로다.
– 生きるべきか、死ぬべきか、それが問題だ。

영어의 'be'를 번역하기 위해 번역자가 얼마나 고심했을까 느껴진다. '있다'는 '존재하는 것'이다. 존재하는 것은 '삶'이며, 삶의 반대는 '죽음'으로 연결된다.

존재한다는 것은 무엇일까, 어떠한 형체가 그 자리에 위치해 있다는 뜻일까, 아니면 형체를 구성하는 유무형의 것이 인지된다는 뜻일까.

그렇다면 스페인어로는 이 햄릿의 명대사가 어떻게 번역되었을까? 스페인어에서는 영어 be동사가 ser(세르)와 estar(에스따르) 두 가지로 나뉜다. 둘 다 한국어로는 '~이다'로 번역이 된다. 기본적으로 estar는 가변적인 것, ser는 변하지 않는 성질에 쓰인다.

estar : 사물의 위치(~에 있다), 기분, 일시적 상태 등(가변)

ser : 직업, 외모, 성격 등(기본 성질로 거의 변하지 않음)

La caja está(estar) sobre la mesa, y es(ser) roja.
상자는 테이블 위에 있다(estar, 위치), 그리고 빨간색이다(ser, 성질).

그렇다면 햄릿의 명대사를 스페인어로는 어떻게 번역했을까? 변하지 않는 성질인 ser일까, 위치를 나타내는 estar일까.

Ser o no ser, esa es la cuestión.

정답은 본질을 뜻하는 ser다. 이 문장을 곱씹으며, 존재란 무엇인가 생각해본다. '나는 회사에 있다, 집에 있다'처럼 어디에 있느냐가 내 '존재'를 정의한다고 생각했다. 하지만 햄릿의 대사를 음미할수록 존재는 위치가 아닌 우리 본질을 의미한다.

Estoy en casa.

나는 집에 있다.

Soy padre.

나는 아버지다.

집에 있는 것은 단순히 위치(estar)를 뜻하고, 아버지인 것은 바뀔 수 없는 내 위치(ser)를 나타낸다. ser 동사로 표현할 때, 존재하게 된다.

• PS •

아래 질문에 가장 먼저 생각나는 단어는 무엇인가요?

¿Quién eres? (당신은 누구인가요?)

Yo soy _____ (저는 ~입니다)

인생의 모양

La forma de vida

La vida no es la cantidad de veces que respiras, sino los momentos que te dejan sin aliento.

인생은 숨 쉰 횟수가 아니다, 숨 멎을 듯한 순간들의 횟수다.

극적인 문장이다. 간 떨어지는 순간 빼고, 숨 멎을 정도로 아름다운 순간은 언제일까. 여행을 하고, 도전을 하고, 기념일엔 모처럼 가족, 친구들과 특별한 시간을 보내기도 한다. 일주일 중 주말을, 일 년 중 휴가를 기다리며 살아간다.

숨 멎을 듯한 순간은 숨을 잘 쉬어왔기에 찾아온다. 멋진 순간들은 평소에 일상생활을 잘 지낸 보상이다. 일상생활이란 위대한 매트리스다.

큰 슬럼프가 찾아온 적이 있었다. 슬럼프란 일상이 무너지는 경험이다. 먹을 수도 제대로 잘 수도 없었다. 심신이 힘들어서 가만히 앉아 있는 것도 힘들었다. 아무것도 할 수 없었다.

평소 습관이 중요한 이유는 목표를 달성하여 앞으로 나아가 성공을 하기 위해서만이 아니다. 슬럼프라는 충격이 닥쳤을 때 몸에 베인 좋은 습관이 있으면, 습관이라는 매트리스가 충격을 흡수한다.

슬럼프 당시, 편안하게 숨 쉴 수 있는 일상이 그리웠다. 슬럼프를 지나 밥도 제대로 먹게 되었고, 운동도 시작했다. 평범한 일상을 살아갈 수 있다는 사실이 고마웠다.

콜롬비아 커피 산지 메데진에서 마신 커피는 특별했다. 커피 농장에서 바로 마셨는데, 싱싱한 커피란 이런 건가 싶었다. 숨 멎을 듯이 특별한 순간이었다.

매일 아침 좀 더 자고 싶은 마음을 추스르며, 하루를 시작한다. 오늘 마실 더치커피 향을 기대하며 눈을 뜬다. 내 일상을 지탱해주는 아침에 마시는 고소한 더치커피 또한 콜롬비아 메데진에서 마셨던 커피만큼이나 특별하다.

특별해 보이지 않는 선과 같은 일상을 무심코 지나친다. 특별한 순간이라는 점만 있으면 모양이 없다. 점을 잇는 선이 있어야 모양이 된다.

숨 쉰 날과 숨 멎을 순간이 조화를 이루어, 점과 선이 모여 마침내 어떤 인생의 모양이 나올지 기대해본다.

Todos los momentos son especiales; solo tienes que decidir celebrarlos.

모든 순간은 특별하다, 단지 그것을 축하하기로 결정하면 된다.

− 파울로 코엘료(Paolo Coelho) −

1. 스페인 공용어

❶ 갈리시아어 ❷ 바스크어 ❸ 아란어
❹ 카탈루냐어 ❺ 카스티야어(스페인어)

스페인 공용어는 카스티야어(스페인어)다. 스페인의 지역 공용어
는 몇 개일까?

바로 네 개다. 서쪽의 갈리시아어, 동쪽의 카탈루냐어, 북쪽의 바
스크어, 카탈루냐 프랑스 국경지대 아란어(2006년부터 인정).

정리하자면 공용어는 카스티야어(스페인어) 1개, 지역 공용어 4개
로 스페인 공용어는 총 5개다.

공용어 예시

한국어	카스티야어	카탈루냐어	갈리시아어	바스크어	아란어
집	La casa	La casa	A casa	Etxea	l'ostal

*바스크어는 비슷한 어족이 없는 것으로 알려져 있다

2. 한국어에 들어온 중남미 원주민어

중남미 원주민어는 스페인어에 녹아들었다. 스페인어가 영어에
유입된 후 영어 외래어가 한국어에 들어왔다.

다음은 위 경로로 한국어에 흡수된 중남미 원주민어의 예시다.

멕시코 나우아틀(Náuatl)어

나우아틀어	스페인어	한국어
Xokolatl	Chocolate	초콜릿
Tomatl	Tomate	토마토
Ahuácatl	Aguacate	아보카도
Coyotl	Coyote	코요테
Mexitli (달의 배꼽)	México	멕시코

한국어에 영향은 주지 않았지만 멕시코가 원산지인 경우

나우아틀어	스페인어	한국어
Tziktli	Chicle	껌
Chilli	Chile	고추

마야어	스페인어	한국어
Siyar	Cigarro	담배

＊스페인어 Tabaco, 영어 Tobacco는 아랍어 영향

카리브해 타이노(Taíno)어

타이노어	스페인어	한국어
hura-can	Huracán	허리케인
barbacoa	barbacoa (parrillada)	바베큐

감자와 고구마 이야기

카리브해 아이티에서 고구마를 'patata(빠따따)'라고 불렀으며, 1526년 스페인 사람들이 유럽으로 전파했다. 그 후 남미 페루에서 감자를 발견하였는데 고구마와 차이점을 구별하지 못해 감자 역시 마찬가지로 'patata'라고 불렀다. 유럽에서는 1640년대부터 감자를 재배하기 시작했다. 후에 스페인 사람들은 감자와 고구마를 구별하기 위해 감자를 'patata' 고구마는 'batata(바따따)'라고 부르기 시작했다.

한국에 고구마가 18세기에 먼저 도입되었고 후에 감자가 19세기 초에 들어왔다. 초기에는 한국에서도 스페인 사람들처럼 감자와 고구마를 구별하여 부르지 않았다. 이러한 영향으로 고구마를 감자로 부르는 현상이 아직 사투리에 남아 있다.

제2장

내일도
안녕
하세요?

욕하고 있는지도 모른다

Tal vez digamos malas palabras

작가 스티븐 프랭크(Steven Frank)에 따르면 영어에는 단어 약 50만 개가 있다고 한다. 그중 13만 개는 독일어, 10만 개는 프랑스어 유입이다. 영국 옥스퍼드 영어 사전에는 그 나머지 단어인 27만 개가 등재되어 있다. 그중 10만 개는 고어로 현재 실질적으로 쓰이고 있는 단어는 17만 개라고 한다.

스페인 한림원 사전에는 단어 9만 3천 개가 올라가 있다. 국립국어원이 편찬한 한국어기초사전에는 5만 개가 등재되어 있다. 이렇게 세상에는 단어가 아주 많다.

같은 발음이라도 언어에 따라 뜻이 다를 수도 있다. 백설공주, 헨젤과 그레텔 등은 그림(Grimm) 형제가 유럽 민담을 동화로 각색해 나온 이야기다. 한국에서는 그림동화로도 알려져 있다. 언어학자이기도 한 이들은 언어 법칙도 발견했는데 이를 '그림의 법칙'이라고 한다.

하필 한국어로 붓이나 색연필로 그리는 그림(painting)과 이 형제의 성이 같아서 그림동화를 일러스트가 들어간 동화로 오해하는 한국인들도 있다. '그림'으로 발음하는 단어가 없는 나라에서는 일어나지 않을 헤프닝이다.

스페인어 자음은 영어와 달리 거센소리(ㅋ, ㅌ, ㅍ)가 아닌 된소리(ㄲ, ㄸ, ㅃ)로 발음되어서 인지 한국어의 거친 단어처럼 들릴 때가 있다. 스페인어로 가뭄은 세끼아(sequía)라고 발음한다.

반대로 한국어 단어가 스페인어에서 이상하게 들리는 경우도 있다. 한국어로 '까까(과자) 먹고'는 스페인어로 caca(까까, 똥), moco(모꼬, 콧물)와 비슷하다.

그보다는 덜 민망한 경우도 있다. 스페인어로 '파이팅'을 뜻하는 'ánimo(아니모)'는 한국어 '아니 뭐'와 비슷하고, 반지(anillo)는 한국어 '아니요'와 비슷하게 들린다.

한국어와 일본어 간에도 이러한 경우는 있다. 소리는 비슷하지만 뜻이 전혀 달라 민망한 상황이 발생하기도 한다. 일본인 친구들과 현지 백화점에 놀러간 적이 있는데 드라마 대장금

배경 음악이 나오며 김치가 판매되고 있었다. 가사가 '오나라~ 오나라~'였는데 일본어로는 방귀라는 뜻이다. 음식을 판매하며 '방귀~ 방귀~'라는 가사가 들리니 판매율에도 조금은 영향을 미치지 않았을까 싶다. 아이폰 음성인식 서비스 시리(siri)는 일본어 '엉덩이'와 발음이 같다(억양은 다르다).

대학시절 친구의 중국인 룸메이트 이름이 '칭칭'이었다. 나는 그분의 성이 오씨는 아니기를 바랐다. 일본어로 오칭칭은 남성의 그곳을 의미하기 때문이다.

스페인어와 일본어 간에도 이렇게 민망한 관계의 단어들이 있다. 스페인 문학의 거장 세르반테스는 레판토 해전에서 왼팔을 다쳤다. 그 후 붙여진 별명이 레판토의 외팔이(Manco de Lepanto, 망꼬 데 레판토)다. 나는 이 단어를 보는 순간 잘못 본 것이길 바랐다. 망꼬는 일본어로 여성의 그곳을 뜻하기 때문이다.

일본 미쓰비시 자동차 중에 Pajero(파제로)라는 모델이 있다. 그러나 스페인어권에서는 모델명을 바꿀 수 밖에 없었다. 이번에는 발음도 발음이지만 철자 때문이다. Pajero(빠헤로)는 스페인어로 '자위를 잘하는 사람'을 뜻하기 때문이다. 스페인어권에서는 Montero(몬테로)로 모델명이 바뀌었다.

물론 덜 민망한 관계도 있다. 스페인어로 ajo(아호)는 마늘을, 일본어로 아호는 바보를 뜻한다. 스페인어로 vaca(바까)는 소를 일본어로 바까는 좀 더 강한 어투의 바보를 뜻한다.

우리가 지금 말하고 있는 단어가, 어떤 언어에서는 욕일지도 모른다.

특수기호의 용도?!

¡¿Uso de caracteres especiales?!

¿Cómo estás? (꼬모 에스따스?)

잘 지내?

¡Atención! (아뗀씨온!)

집중!

간단한 스페인어 문장이지만 맨 앞에 거꾸로 된 느낌표와 물음표가 쓰여 있어 이색적으로 보인다.

한국어에서도 '작은따옴표', "큰따옴표", (괄호)를 쓸 때 처음과 끝 모두 쓴다. 【괄호】도 종류가 많다. [대괄호], {중괄호}, 〈화살괄호〉, 《겹화살괄호》. 「홑낫표」, 『겹낫표』도 빼놓을 수 없다. 괄호가 아닌 물음표와 느낌표는 문장 뒤에만 쓴다.

물음표의 기원에 대해서는 여러 가지 설이 있다. 라틴어에서 질문에 해당하는 단어인 'questio'를 사용하다, 단어가 길어 알파벳 'q'를 변형하여 '?'로 사용했다고 한다. 영국 요크 출신의 철학자 알퀸(Alcuin of York, 735~804)은 카롤루스 1세(Karolus I)의 명을 받고 카롤링거 법정에서 수많은 책을 썼는데, 그가 쓴 책에서 처음으로 물음표가 쓰였다는 설이 우세하다.

느낌표도 물음표와 비슷하게 중세시대에 나왔다. 즐거움을 뜻하는 라틴어 io를 쓰다가, o가 I 아래로 오면서 현재의 모양과 비슷해졌다고 한다.

그렇다면 왜 스페인어 혼자 괄호처럼 물음표와 느낌표를 문장 앞뒤에 쓰는 것일까? 한국어를 관장하는 국립국어원처럼 스페인 한림원(RAE)은 스페인어 사전을 집필하고 문법 등을 제정한다. 1754년 한림원에서는 스페인어는 어순이 자유롭고, 문장이 길기 때문에 이 문장이 의문문인지, 감탄문인지 알기 어려우므로, 도입부에서 먼저 알 수 있도록 문장 앞에 물음표와 느낌표를 거꾸로 쓰기를 의무화했다. 처음에는 긴 문장에만, 1870년 이후에는 짧은 문장에도 쓰도록 문법을 제정했다.

물론 이러한 결정을 모든 사람이 따른 것은 아니다. 칠레 시인 파블로 네루다(1904~1973)는 문장 앞에 물구나무서기 하는 물음표와 느낌표 쓰기를 좋아하지 않았다. 현재에도 이러한 사용을 비판하는 논평도 많다. '다른 언어에는 모두 없는데 스페인어만 있는 점은 이상하며, 스페인어 사용자가 타 언어 사용자보다 기호가 더 많이 필요할 정도로 이해력이 부족한 것도 아니다'라는 의견이다.

　스페인 한림원에서 이 기호를 문두에 거꾸로 쓰자고 주장한 것은 의미를 강조하고 싶었기 때문일 것이다. 그 정도로 이 기호는 중요하다. 지금은 당연하게 쓰고 있지만, 질문하고 감각하는 것은 인간이 할 수 있는 특별한 행위다. 문장 앞뒤에 이 기호를 쓰면서 두 배로 질문하고 느껴도 좋을 만큼.

　요즘은 인터넷 사이트 비밀번호 생성 시 특수기호 입력을 의무로 하는 곳이 많다. 몇 개를 넣었는지 헷갈려서 특수기호가 로그인을 방해하기도 한다. 특수기호는 이러라고 생긴 것이 아닌데. '질문하고 제대로 느끼기'가 그 본질이 아니었던가. 오랜만에 특수기호를 제대로 사용해봐야겠다.

　¿이따가 회전초밥 먹을까?
　¡아이 좋아!

이성 관계의 서구화

Occidentalización de relaciones amorosas

Siempre que te pregunto

Que cuándo cómo y dónde

내가 언제, 어떻게, 어디로, 라고 질문을 할 때면

Tú siempre me respondes

당신은 항상 이렇게 대답하죠.

Quizás, quizás, quizás

아마도, 아마도, 아마도

Y así pasan los días

그렇게 며칠이 지나고

Y yo voy desesperando

나는 점점 더 낙심하고

Y tú, tú, contestando

당신은 계속 이렇게 답하지.

Quizás, quizás, quizás

아마도, 아마도, 아마도

— 노래 〈Quizás, quizás, quizás〉(1947) —

1947년에 나온 노래 〈Quizás, quizás, quizás(아마도, 아마도, 아마도)〉라는 곡이다. 영어로 〈Perhaps, perhaps, perhaps〉로 번역되어 전 세계적으로 사랑을 받았다. 한쪽이 질문하지만, 다른 쪽은 질문에 제대로 대답하는 대신 '아마도'라고 우물쭈물 말하며 밀당하는 모습이 나온다. 멜로디뿐만 아니라 노래 가사에도 많은 사람들이 공감했기 때문에 세계적으로 인기를 끌지 않았을까. 1947년에도 밀당이 존재했다니, 아니 인간이 자유연애를 하면서 밀당은 계속 있었을지도 모른다.

영어에서는 친구를 지칭하는 'friend(친구)'에 성별을 드러내는 'boy'와 'girl'을 어두에 붙여 남자친구, 여자친구를 표현한다. 19세기 들어 미국에서 데이트라는 현상이 생겼다고 한다. 그전까지는 남녀 혼사는 가정이나 사회의 문제였는데 이 시점경부터 연애가 사적인 일로 바뀌었다.

영어의 boyfriend와 girlfriend는 결혼 전에 사귀는 데이트 상대라는 의미가 강하다. 스페인어의 novio(노비오)는 남자친구뿐 아니라 신랑이라는 뜻도, novia(노비아)도 마찬가지로 여자친구뿐 아니라 신부라는 뜻도 있다. 정확히는 novio, novia는 약혼자를 뜻하는 말로 결혼에 기반한 관계를 의미한다. 물론 지금은 단순히 연애 대상인 남자친구와 여자친구일 때도 쓴다. 데이트라는 문화가 생겼다 해도 스페인어에서는 남자친구, 여자친구라는 새로운 단어를 만들지 않았다.

애인이라고 하면, 한국어에서는 서로 사랑하는 사람을 뜻한다. 그런데 일본어에서는 恋人(연인, 코이비토)라고 한다. 일본어로 愛人(애인, 아이징)이라고 하면 연인관계가 아닌 바람피우는 대상을 뜻한다.

한국어에서도 애인이라는 진한 말에 남자친구, 여자친구라는 물같이 연한 말이 함께 섞여 사용된다. 애인이란 단어에는 사랑(愛)이 담겨 있다. 그러나 남자친구, 여자친구란 말은 '친구'가 들어가 있다. 그래서 진짜 친구인 사람과 구별하기 위해 '남자 사람 친구(남사친)' '여자 사람 친구(여사친)'란 신조어가 나왔다.

이성관계에 대한 외국어 단어를 간략히 정리해봤다. 일본어

彼氏(카레시)는 남자친구라는 뜻이며, 彼(카레)라고 하면 그(he)라는 뜻이, 彼女(카노죠)는 여자친구라는 의미 외에 그녀(she)의 의미가 있다. 로맨틱한 관계를 나누는 이성은 한 명이기에 그녀가 여자친구도 동시에 의미하게 되었는지 모르겠다.

자유는 개인에게 선택이란 혜택과 동시에 복잡한 관계라는 숙제도 함께 줬다. 애인은 자연스런 만남 혹은 소개팅과 같은 목적성 만남을 통해 생길 수도 있다. 친구와 애인 사이에 미묘한 관계도 형성된다.

한국어에서는 '둘 사이에 무언가(썸씽, something) 있다'라는 뜻으로 미묘한 관계에 있는 남녀를 '썸남' '썸녀'라고 부른다. 일본어에서는 '친구 이상 애인 미만(友達以上恋人未満)'이라고 한다. 영어에서는 '혜택이 있는 친구(friends with benefits)'라고 부른다. 스페인어에서는 친구(amigo)와 애인(novio)을 합친 단어인 amigovio/a(아미고비오, 아미고비아)라고 하거나, '권리 있는 친구(amigos con derechos, 아미고스 콘 데레초스)'라고 한다. 영어에서는 혜택이 있다고 하고, 스페인어에서는 권리가 있다고하니, 여전히 스페인어가 영어보다는 진중하다.

'~와 사귀다'라는 말을 서양 언어로 표현할 때 고민된다. 한국어와 일본어에서는 '~와 사귀다'라는 관계를 형성하는 관념

한국어	일본어	영어	스페인어
연인	恋人同士、カップル	couple	pareja
애인	恋人(코이비토)	하기동일	하기동일
남자친구	彼氏(카레시)	boyfriend	novio
여자친구	彼女(카노죠)	girlfriend	novia
사귀다	付き合う(츠키아우)	date with / see	salir con

적인 표현을 쓰지만, 영어와 스페인어는 '~와 나간다' '~와 데이트하다' 등 행위로 '사귄다'라는 표현을 한다. 사귄다는 것 자체가 어차피 데이트하는 것이기에 같은 말이 맞긴 하지만, 서양 언어로 말할 때 한국어가 담고 있는 의미가 덜 나타나는 느낌이다.

각 언어는 애인을 어떻게 정의할까? 각 언어별 정의를 비교하며 글을 마치고자 한다.◆

〈한국어〉

애인(愛人) : 서로 애정을 나누며 마음속 깊이 사랑하는 사람. 또는 몹시 그리며 사랑하는 사람.

◆ 일본어 : weblio사전 / 영어(Collins Concise English Dictionary © HarperCollins Publishers)

〈일본어〉

恋人 : 그리운 사람. 서로 그리워 하는 관계인 상대.

(恋しく思う人。相思の間柄にある、相手方。)

〈영어〉

Boyfriend : 로맨틱하게 혹은 성적으로 관련된 남성인
친구.

(a male friend with whom a person is romantically or
sexually involved)

〈스페인어〉

Novio : 1. 결혼을 목적으로 애정 관계를 유지하는 사람.

(persona que mantiene relaciones amorosas con otra
con fines matrimoniales)

2. 곧 결혼하거나 이제 막 결혼한 사람.

(persona que va a casarse o acaba de casarse)

3. 애정 관계를 유지하는 사람.

(persona que mantiene una relación amorosa con otra)

아무리 봐도 동양의 단어가 더 진한 느낌이다.

알고리즘의 세계

El mundo de los algoritmos

알고리즘은 우리를 더욱 고립시키는지도 모른다. TV는 많은 채널을 담고 있다. 다양한 선택지 중 내가 원하는 방송을 찾기 위해 리모콘으로 여러 채널을 스친다. 신문도 내가 원하는 기사 말고도 많은 내용이 있어 지하철에서 신문을 읽기 위해서는 작게 접어서 봐야 한다.

그런데 디지털 세상에서는 내가 원할 정보가 화면 크기에 맞춰 잘 차려져 나온다. 알고리즘이 내가 좋아할 정보를 맞춰서 띄워주는데 비슷한 정보가 계속 나와서 그 안에서 헤어나오지 못하고 갇힐 수도 있다. 알고리즘의 선택을 받은 영상은 인기와 부를 얻고 외면을 받으면 사람들에게 알려지기 힘들어 창작자들은 알고리즘에 잘 보이려고 한다.

스페인어는 다른 라틴어계 언어와 비슷하면서도 다른 점이 몇 가지 있는데 그중 하나가 아랍어의 영향이다. 스페인어를 배우면서 아랍어의 정관사(영어의 the)가 'al'이란 사실을 알게 되었다. 알콜(alcohol)처럼 '알고리즘'도 아랍어에서 나온 말일까 추측했는데, 맞았다.

알고리즘은 9세기 페르시아의 수학자 무하마드 알콰리즈미(Muhammad al-Kwarizmi)의 이름을 라틴어로 바꾼 'algorismus'에서 나온 말이라고 한다.

아랍어 영향을 받아 al로 시작되는 단어

한국어	스페인어	한국어	스페인어
점심 먹다	almorzar	백화점, 창고	almacén
독일	Alemania	베개	almohada
양탄자	alfombra	숙소	albergue

스페인 남부 지방에 있는 '알람브라(Alhambra) 궁전'도 유명하다. 스페인어는 무슨 일로 아랍어의 영향을 많이 받게 되었을까?

스페인이 위치한 이베리아 반도는 무려 781년간(711~1492) 아랍인들이 지배했다. 이들을 무어인(los moros)이라고 부르는

서기 750년경 이베리아 반도의 세력권

데 관용어, 속담에도 그 영향이 많이 남아 있다.

아랍 세력은 이베리아 반도를 알 안달루스(Al andalus)로 명했다. 한편 북부 작은 영토에 기독교에 기반한 레온 왕국, 카스티야 왕국, 아라곤 왕국이 버티고 있었다.

스페인 세력은 천천히 남하하여 1492년 영토를 다시 차지했으며, 이를 영토수복(Reconquista,레콩키스타)이라 부른다. 같은해 콜럼버스가 아메리카 대륙을 발견했으며 스페인 부흥이 시작되었다.

수백 년간 식민 지배하에 있었으면, 정체성을 잊거나 앙숙

관계로 남을 수도 있는데, 스페인과 아랍 사람들은 적대적인 감정을 갖고 있지 않다. 이는 당시 아랍왕조에서 펼쳤던 '유화정책'에 기인한다. 아랍인은 당시 스페인 주민들에게 세뇌나 강경 정책을 쓰지 않고 그들의 종교, 풍습 등을 인정했다. 그랬기에 몇 백년이나 지배가 유지되었으며 통치가 끝난 이후에도 관계가 그렇게 나쁘지 않다.

서로 다름을 인정하며 이베리아 반도 대부분을 통치했던 아랍왕조. 다름을 깎아내리려는 것보다, 이해하고 인정하는 유연성이 오랜 지배를 유지했던 비결이었다.

지금도 어디선가 우리를 부드럽게 지배하려는 세력이 있지 않을까? 알고 보니 지배였다고 나중에 깨달을 정도로. 마치 알고리즘 세계처럼 말이다.

가까울수록 사이가 좋지 않다

Más cerca, peor

싱싱한 해산물이 생각나면 바닷가에 가서 먹으면 된다. 당연하다고 생각되지만, 모든 나라에서 허용되는 일은 아니다. 싸움으로 영토를, 그것도 바다를 잃어버린 곳이 있다.

국경이 인접한 국가 중 사이가 좋은 경우는 많이 못 봤다. 국경이 다닥다닥 붙어 있지 않은 동북아시아만 해도 영토분쟁 문제로 골이 깊을 대로 깊은데 중남미의 경우는 오죽하겠는가. 특히 수백 년의 스페인 지배가 끝난 후 진행된 중남미 국가 영토 획정 문제는 많은 갈등을 일으킨다. 지구 반대편 남미 3국 칠레, 페루, 볼리비아에도 그런 갈등이 있다.

스페인 식민지배 후 신생 국가들은 '국경선 신성의 원칙(Uti

Possidetis Juris)'에 따라 스페인 국왕이 만든 행정 경계를 토대로 국경을 설정했다. 그런데 칠레 북부 아타카마(Atacama) 지역은 스페인 식민지배 전에는 볼리비아, 그 후엔 페루 영토였다.

볼리비아 위치

1873년 페루는 볼리비아 편을 들겠다는 양자협정을 체결하고, 1874년 볼리비아와 칠레는 이 지역의 경제적 이익을 나누는 것을 골자로 하는 협약을 체결한다. 그러나 얼마 후 당시 볼리비아 독재자가 칠레 회사에 세금을 매기자, 칠레는 페루와 볼리비아에 전쟁을 건다. 이것이 1879년에서 1904년에 걸친 '태평양 전쟁'이다. 그 결과 페루는 태평양 관할권을 잃고 볼리비아는 대규모 구리 광산이 있는 이 지역은 물론 태평양 해안선을 잃어 내륙국가가 되고 만다.

1956년 칠레는 볼리비아가 소유한 티티카카(Titicaca) 호수 사용권을 얻는 대가로 볼리비아에 태평양 진출을 허용하려 했으나, 티티카카 호수를 공동 소유하고 있는 페루의 반대로 무산됐다. 어제의 동지가 오늘의 적이라고 할까. 칠레와 볼리비아 양국은 단교와 재개를 반복하다 2010년 이후 영사 관계에 머물러 있다.

볼리비아는 다자기구를 통한 문제해결을 촉구하는 반면, 칠레는 양자 협상으로 영토분쟁 문제를 풀기를 원한다. 볼리비아는 국제사법재판소(ICJ)에 소송을 제기한 상태다.

태평양 지역을 두고 얼기설기 설킨 이웃 국가 간의 갈등. 그중 영토분쟁으로 완전히 내륙국가가 되어버린 볼리비아에 눈길이 간다.

El Estado boliviano declara su derecho irrenunciable e imprescriptible sobre el territorio que le dé acceso al océano pacífico y su espacio marítimo.

영토에 대한 완전한 주권 행사에 기초한 태평양으로의 출구 확보는 볼리비아의 불가분하고 항구적인 권리이다.

– 2009년 볼리비아 헌법 제 267조의 1 –

악어와 악어새의 관계들

Relaciones complementarias

중남미 정상들은 한국과 중남미 관계를 '상호보완 관계 (Relaciones complementaris)'라고 묘사한다. 중남미의 풍부한 자원과 한국의 기술력이 서로 시너지 효과를 낼 수 있기 때문이다. 한국은 중남미를 대상으로 농업, 정보통신 등 다양한 분야에서 공적개발원조(ODA)사업을 진행하고 있다.

'상호보완 관계'를 들으니 교과서에 나왔던 악어와 악어새의 관계가 떠올랐다. 악어새는 악어의 이빨 사이의 고기를 빼주고, 악어는 악어새를 지켜주는 관계다. 서로 상부상조하는 '대등한 관계'는 모두가 꿈꾸는 것이다. 진정한 우정, 진정한 사랑이란 무엇일까? 유명하고 흥미로운 관계를 소개해보고자 한다.

살바도르 달리와 갈라의 관계

살바도르 달리는 20대 중반에 10살 연상의 러시아 출신 갈라(본명: 엘레나(Elena))를 만났다. 당시 갈라는 프랑스 시인 폴 엘뤼아르의 부인으로 딸 한 명이 있었지만, 이혼하고 달리와 결혼한다.

갈라는 많은 초현실주의 작가의 뮤즈였다. 결혼 후에도 갈라는 자유분방하여 많은 남성작가들과 특별한 관계를 유지했다. 달리 역시 이에 반대하지 않았다고 한다. 달리가 여성과의 성적인 부분에서 공포심이 있어서 어쩔 수 없었을지도 모른다.

갈라에 대한 평가는 양극으로 나뉜다. 보통 사람의 관점으로는 갈라가 이해가 안 될지라도 사람을 휘어잡는 힘이 있기에 달리의 작품을 알리고 그를 유명한 작가로 만드는 데 일조할 수 있지 않았을까 싶다.

Todo buen pintor que aspire a crear auténticas obras de arte, antes de nada debe casarse con mi esposa.

진정한 예술 작품을 만들고 싶은 훌륭한 화가는 제일 먼저 제 아내와 결혼해야 합니다.

− 살바도르 달리(Salvador Dalí) −

마르크스와 엥겔스의 관계

마르크스가 기고한 신문사에서 처음 만난 두 사람은 사상적으로 잘 통했다고 한다. 영국에서 방직공장을 운영했던 엥겔스는 마르크스에게 평생 경제적 지원을 했고, 사후에도 마르크스의 악필을 해독하며 체계적으로 「자본론」을 정리했다고 한다.

자본가의 아들로 평생 마르크스를 경제적으로 지원한 엥겔스는 훌륭한 친구였다. 친구, 연인 사이에도 공평하게 밥값을 내야 한다는 요즘 개념으로 봐도 진정한 우정으로 볼 수 있을까?

장 폴 사르트르와 시몬 드 보부아르의 관계

지성인들의 사랑은 다르긴 하나 보다. 둘은 서로를 사랑하지만, 미래에 생길 우연적 사랑을 인정하되 거짓말 없이 모두 공개하자는 계약결혼이라는 실험을 1929년부터 50년간 한다. 계약 기간은 2년으로, 마음이 있으면 계속 갱신하는 조건이었다. 사르트르는 계약결혼 안에서 수많은 여성을 만나고 보부아르에게 보고한다. 얘기를 듣고 난 후 감정도 말해달라는 주문과 함께. 보부아르 역시 미국인 소설가와 사랑에 빠져 '남편'으로까지 칭했다.

최고의 연애 실험인 걸까? 서로 전전긍긍하며 바람둥이를 붙잡기 위해 실험 대상자가 된 것일까? "내 인생에서 가장 성공적인 성과는 사르트르와의 관계를 유지한 것이다"라고 말한 보부아르의 손가락엔 미국인 소설가와 맞춘 반지가 마지막까지 끼워져 있었다.

　서두에 말한 악어와 악어물떼새에 대해서 이야기를 하고 싶다. 악어물떼새가 악어 이빨 사이 고기 찌꺼기를 꺼내 먹는 장면이 실제로 목격된 적은 없다고 한다. 악어는 이빨이 다닥다닥 붙어 있지 않아 찌꺼기가 끼는 구조도 아니고 평생 50회 이상에 걸쳐 3천여 개의 이빨을 간다고 한다.
　동물행동학자 최재천 교수님에 따르면 '공생인 줄 알았는데 자세히 들여다보니 기생관계인 경우도 있다'고 했다. 예를 들면 나비와 개미의 관계다. 둘은 친구 같아 보이지만 실제로는 나비가 주로 개미를 이용한다고 설명했다. ◆

　'진정한 상호보완' 관계가 살벌한 정치외교 세계에서 가능할까? 한 통역사의 이야기가 떠오른다.
　"진정한 정치 통역사란 영어, 일본어, 중국어 통역사가 아닐까 싶다. 치열한 외교 무대에서 뉘앙스를 살리면서 때로는 수위

◆ 매일경제 : 악어와 악어새는 공생관계? No!
　　https://www.mk.co.kr/news/it/view/2012/02/86461/

를 조절하는 줄타기를 하기 때문이다. 반면 중남미와 한국 정상들의 회담에서는 서로 협력하자는 말 위주로 한다."

한국과 중남미는 정치적, 지리적으로 멀어서 굳이 얼굴 붉힐 일이 적다. 눈에서 멀어지면, 마음에서 멀어진다는데 오히려 양 지역은 서로 멀기 때문에 악어와 악어새의 관계가 될 수 있을지도 모르겠다.

내일도 안녕하세요?

Buenos días hoy y mañana

- 안녕하세요.

아침이든 저녁이든 상관없이 쓸 수 있는 한국어 인사말이다. 한국어와 달리 영어, 스페인어, 일본어 모두 시간에 따라 다른 인사말을 써야 한다.

	일본어	영어	스페인어
오전	おはようございます	Good morning	Buenos días (부에노스 디아스)
오후	こんにちは	Good afternoon	Buenas tardes (부에나스 따르데스)
저녁	こんばんは	Good night	Buenas noches (부에나스 노체스)

언어별 기본 인사말

스페인어 인사말에는 특이한 점이 있다. 인사가 단수가 아닌 복수형이라는 것이다. 영어로 예를 들면, Good mornings, Good afternoons, Good nights라고 말하는 셈이다. 복수형으로 말하는 원인은 정확히 밝혀지지 않았지만, 몇 가지 설이 있다.♦

수도승들의 기도시간

수도원에서는 일과 기도시간(horas canonicales)이 있다고 한다. 보통 해가 뜨기 시작할 무렵(Maitines), 해가 떠 있을 때 (Laudes), 해가 질 무렵(Vísperas)으로 나누어서 기도했다고 한다. 매일 반복되는 일과표여서 복수로 시간을 표기했는데 이 영향으로 인사말도 복수형으로 바뀌었다는 설이 있다.

긴 문장의 축약(언어학자 Salvador Gutiérrez Ordóñez)

"Buenos días le dé Dios(신이 당신에게 좋은 날들을 베풀길)" 라는 말이 축약되어 현재와 같이 "Buenos días(좋은 날들)"만 남게 되었다는 설이다. 현재에도 이 문장 그대로 인사말로 쓰는 사람들이 있다고 한다. 오늘의 좋은 아침, 점심, 저녁만이 아니라 내일도 반복되는 아침, 점심, 저녁을 빌어주던 풍습의 영향

♦ BBC : 왜 스페인어는 복수형으로 인사하는가
　　 https://www.bbc.com/mundo/42241874

이라고 한다. 오늘 인사한다고 해서 오늘의 축복만을 빌어주지 않는 점이 흥미롭다.

인사말 표현

영어에서도 인사 표현에 복수형이 쓰이는 경우가 있다. Congratulations, Thanks 등 축하나 감사를 표현할 때 복수형으로 쓴다. 스페인어도 마찬가지다.

복수형으로 쓰는 스페인어 인사말 예시

한국어	스페인어	한국어	스페인어
감사합니다	Gracias (그라시아스)	축하합니다	Felicidades (펠리시다데스)
유감스럽습니다	Mis condolencias (미스 꼰돌렌시아스)	안부인사 (Best regards)	Saludos (살루도스)

이러한 맥락으로 인사말도 복수로 표현한다는 것이다.

상기 언급한 이유들은 스페인 지역에서만 해당되지 않고 이탈리아, 프랑스도 마찬가지일 텐데 스페인어에서만 복수로 남게 된 점이 흥미롭다.

언어를 초월하여 헤어질 때 인사말을 보면 다음을 기약하거나 그렇지 않은 표현이 있다.

헤어질 때 인사말

한국어	일본어	영어	스페인어
다음에 봐	またね	See you	Nos vemos(노스 베모스) Hasta(까지) + _____(다음에 볼 날)
안녕	さようなら	Good bye	Adiós(아디오스)

표에서 윗줄은 따스하고 아랫줄은 살짝 차갑다. 따뜻한 인사말에는 핵심이 있다. 바로, 다음을 기약하는 것.

가수 박정현의 〈편지 할게요〉라는 노래가 떠오른다. '꼭 편지 할게요, 내일 또 만나지만'으로 시작한다. 오늘 만나고 내일 또 만나지만 그 사이가 그리워 편지로 그대와 얘기한다는 내용이다. 오늘로 끝나는 것이 아니라 헤어지면서도 다음에 만날 날을 기대한다.

스페인어에서는 오늘 하는 인사지만 내일의 축복도 빌어주고, 이제 헤어지지만 다음 만날 날을 기약한다.

Buenos días. (부에노스 디아스)
좋은 아침들이에요.

Hasta mañana. (아스따 마냐나)
그럼 내일 봐요.

삼시 세 끼여야 할까?

¿Comer tres veces al día será una verdad absoluta?

많은 언어에서 아침, 점심, 저녁 시간에 따라 인사말이 달라진다. 시간은 태양의 위치에 따라 구분되지만, 빛 말고도 아침, 점심, 저녁을 구분하는 요소가 있다. 바로 식사다. 점심 식사를 먹기 전은 아침, 먹은 후는 오후로 구분하는 방법도 있다.

삼시 세 끼 스페인어 단어		
한국어	스페인어	비고
아침식사	desayuno(데사유노) (des + ayunar)	영어 break + fast 동일
점심식사	1 comida(꼬미다) 2 almuerzo(알무에르소)	2는 아랍어 영향으로 스페인에서 주로 사용
저녁식사	comida, cena(세나)	

오전, 오후, 저녁 시간은 지역, 계절에 따라 다르다.

오전 : 6시~11시 59분

오후 : 12시~18시 59분

저녁 : 19시~21시

일반적으로는 위 시간대와 비슷하지만 이와 달리 오후를 2시부터, 저녁을 오후 8시~9시부터 보는 사람들이 스페인에 많다. 점심을 오후 2시에, 저녁을 9시에 먹기 때문이다.

스페인어권에 가면 아침을 먹는 시간은 한국과 비슷한데 점심 특히 저녁을 먹는 시간이 한국에 비해 매우 늦다. 식사 간격이 길어서 중간중간 간식시간을 갖는다.

콜롬비아에서 말을 타고 등산한 적이 있었는데, 등산을 도와주는 분은 하루에 식사를 2번 한다고 했다. 일도 바쁘고, 두 끼만 먹어도 충분하며, 아침 일찍 일어나서 저녁 일찍 자기 때문에 별 문제 없다고 했다.

이 이야기를 듣기 전까지는 하루 '세 끼'에 의문을 품은 적이 없었다. 다시 생각해보니 '세 끼'를 챙겨 먹는 것이 사회적인 행동일 수도 있을 듯하다.

조선 시대까지 아침, 저녁 두 끼를 먹다가 근대 산업화 이후부터 노동량 증가로 세 끼를 먹게 되었다고 한다. 아침, 점심, 저녁을 보면 아침, 저녁을 빼고 점심(點心)만 한자 외래어다. 점심은 불교 선종에서 온 용어라고 한다. 마음(心)에 점(點) 찍을 정도로만 소량 먹는 것을 뜻한다. 가벼운 식사를 뜻하는 홍콩 요리 '딤섬' 한자가 바로 점심(點心)이다.

이 말을 빌려올 당시 한국에서는 정오 전후로는 조금 먹었기 때문에 '점심'이란 말을 이 시간대 식사를 표현하는 용어로 사용한 듯하다.

서울 직장인 평균 출퇴근 시간이 다른 지역의 배인 약 두 시간이라고 한다.❖ 이러한 현실 때문일까, 현대 대도시 직장인들 중 하루 두 끼를 먹는 사람도 많다. 건강을 위해 아침은 풍성하게, 점심은 적당히, 저녁은 조금 먹으라는 말이 있는데, 풍성한 아침은 서울 출퇴근 직장인들에게는 힘든 제안이다.

스페인에서 아침 식사는 시리얼이나 커피로, 한국 사람들이 보기에 간단히 먹는다. 그래도 건강하다. WHO, UNDP 등 국제기구에서 집계한 기대수명 순위를 보면 스페인, 한국 모두 상위

❖ 중앙일보 : 대한민국 직장인, 출퇴근 시간 '평균 103분'···길 위에선 뭘 할까
　https://news.joins.com/article/23404009

권이다.

1일 식사 횟수, 식사량, 구성하는 메뉴는 전 세계적으로 다양하다. 삼시 세 끼가 꼭 모두에게 정답은 아닌 듯하다.

· PS ·

스페인의 문어 요리 이야기

새우와 마늘을 낮은 온도에서 올리브오일로 끓여서 먹는 감바스 알 아히요(gambas al ajillo)는 만들기 쉬워서 한국에서도 인기다. 그런데 Pulpo a la gallega(뿔뽀 알 라 가예가, 갈리시아풍 문어 요리)는 만들기 더 쉽다.

'산티아고 순례길'의 최종 목적지인 콤포스텔라 성당이 있는 갈리시아 지역에는 곳곳에 문어 요리집(Pulpería)이 있다. 순례길을 걸으며 맛보는 문어 요리는 별미다. 올리브오일에 버무린 뜨거운 삶은 문어와 감자가 나무접시에 담겨 나온다. 초고추장이 아닌 스페인 올리브오일과 문어의 조화는 일품이다.

참고로 문어는 한국, 일본, 지중해 국가 등 소수지역에서만 먹는다고 한다. 그래서 스페인에 가서 한국도 문어를 먹는다고 하면 흥미롭게 여긴다.

내면의 아름다움을 위해 콜라겐을!

Colágeno para la belleza interior

안짱다리, 불룩 나온 배, 검고 노예 신분에 추악한 외모를 가진 자. 그러나 말로는 이길 수 없는 달변가

키가 작은데다 턱수염을 길렀고 대머리였으며 이상한 걸음걸이를 가진 자, 코는 납작했고, 입술은 두툼했으며 괴물 등 다양하게 비유됨. 그러나 길가에 많은 사람과 대화하며 끊임없이 '왜'라는 질문을 던진 철학적인 사나이

인간으로서는 더 이상 못생길 수 없는 사람으로 이는 누런 데다 사팔뜨기, 게다가 끊임없이 말을 해대는 사람, 그러나 수많은 젊은이들의 사상적 대부 역할을 했던 자

각각 이솝(Aesop), 소크라테스(Socrates), 사르트르(Sartre)에 대한 설명이다.[*] 백 가지 설명보다 이솝우화 한 편이 상대의 의표를 찌르기도 하며, 하버드에서는 소크라테스식 질문법으로 수업을 진행하고, 사르트르의 실존주의 철학은 20세기 수많은 젊은이들에게 영향을 미쳤다. 이들의 외모, 사생활과 상관없이 중요한 알맹이만 남아 후대에 전해진다.

이들은 소위 '뇌섹남(뇌가 섹시한 남자)'이라 하여 외면이 아닌 지적 능력으로 많은 사람을 매료시켰으나, 시대에 관계 없이 외모로는 인정받지 못했다.

미의 기준을 스페인어로 canon de belleza라고 한다. canon은 인체의 비율을 뜻하는 고대 그리스어에서 나왔다.

아름다움을 느끼는 기준은 위와 같이 절대적이면서도 시대나 장소에 따라 다르다. 한국에서는 밝은 톤 화장이 인기 있지만, 스페인에서는 선탠한 듯 어두운 톤 화장이 인기다.

TV에서 연예인이 나오면 '어디가 바뀌었다'라고 말하는 것은 만국공통인 듯하다. 스페인 방송을 보던 중 친구도 성형 얘기를 했다. 내가 바라본 라틴계 사람들의 얼굴은 조각 같은데 어

◆ 1. 희망을 노래하는 철학자 이솝   2. 젊은 베르테르의 기쁨(알랭 드 보통) 26p
   3. 지식인의 두 얼굴(폴 존슨) 457p

디를 성형한다는 것일까.

– 광대나 턱에 보형물을 넣거나, 코를 깎지.

한국에서 선호하는 성형과는 정반대여서 의아했다. 친구와 나는 양국의 성형 트렌드를 믿을 수 없다며 서로 얼굴을 쳐다 봤다.

아름다움 기준은 여성들에만 해당되지 않는다. 레오나르도 다빈치가 그린 인체비례도(〈비트루비우스적 인간〉)는 남성이 주인공이다.

위에서 말한 사례들의 공통점이 있다. 아름답다고 소통되는 기준은 '집단'에 달려 있으며, 여기서 말하는 아름다움은 외적인 것으로 눈에 보인다.

요즘 이너뷰티(Inner beauty)란 말을 많이 쓴다. 스페인어로는 belleza interior(베예사 인떼리오르), 한국어로는 내면의 아름다움. 내면의 아름다움이라는 말 대신 광고에서는 영어 단어 그대로 가져와 '이너뷰티'를 가꾸라고 말한다.

화장품이나 건강보조제 광고에서 쓰이는 단어 'Inner beauty'에서 나오는 'inner'는 피부 안쪽 진피층이나 몸속을 뜻한다. 피

부 안쪽을 본질적으로 탱탱하게 하고, 안색이 좋아 보이도록 콜라겐, 히알루론산 등 건강보조식품 섭취를 제안한다. 일본어로 '이너뷰티(インナービューティー)'도 '건강한 식습관'으로 살이 찌지 않도록 몸속부터 관리를 하는 데에 목적이 있다. 일본이든 한국이든 '이너'보다는 '뷰티'에 방점을 찍은 듯하다.

스페인 남성이 많이 먹는 건강보조제 상위에 콜라겐이 차지한다. 생활 스포츠를 워낙 많이 하다 보니 관절 건강을 위해서 남성들이 콜라겐을 대량으로 섭취한다. 관절도 내면이니 관절 관리도 내면의 아름다움에 들어간다고 봐야 할까.

'내면'의 아름다움을 구성하는 요소는 많다. 배려심, 선한 마음 그리고 피부 진피층. 내면의 아름다움(Inner beauty)을 위해 선한 마음을 갖기 위한 노력과 함께 콜라겐 섭취를 권한다.

돈의 정의

Don dinero

¡Salud, Dinero y Amor! (살룻, 디네로 이 아모르!)

건강, 돈 그리고 사랑!

술잔을 올리며 외치는 구호다. 줄여서 살룻(Salud)만 외치기도 한다. 인생에서 중요한 세 가지를 순서대로 외친다. 사랑보다, 돈이 우선인 건가.

건강을 중요시하는 스페인은 '시에스타'라는 점심 후 낮잠 자는 문화로 유명하다. 스페인 소도시는 오후 2~4시에는 가게나 회사 문을 닫는다. 사람들은 낮잠을 자거나 강아지 산책을 시킨다. 세상이 글로벌화되고 바빠지면서 이러한 문화가 대도시에서는 시행되지 않기도 한다.

바르셀로나는 산업과 경제가 발달했다. 역사적으로 다른 국가였기도 하고, 스페인 평균보다 경제적으로 잘사는 지역이다 보니 독립에 대한 이야기가 항상 나온다. 다른 지역 사람들은 바르셀로나 사람들이 돈을 밝히고 냉정하다고 말한다. 서울 사람들을 '서울 깍쟁이'라고 부르는 모습이 생각난달까.

Los catalanes son tacaños.
까딸루냐사람들은 인색하다.

위 말을 들으면 국가산업과 경제의 상당 부분을 차지하는 바르셀로나 사람들에 대한 다른 지역 사람들의 애증이 느껴진다. 지역감정도 결국 돈과 연관되어 있다.

스페인어에도 돈으로 발음되는 단어가 있다. 물론 한국어와는 다른 뜻이다. Don은 '~님'이라고 높여 부르는 호칭이다. 여성은 Doña(도냐)를 붙인다.

Don Quijote (돈 키호테)
키호테 님

Don Juan (돈 후안)

후안 님

Don은 신분이 좋거나 의사 등 전문가를 높이기 위해 쓰인다.
호칭 용도 외에 Don은 명사로써 아래와 같은 뜻도 있다.

돈(don) [스페인 한림원 사전]

1. 선물 (Dádiva, presente o regalo)

2. 무언가를 하기위한 특별한 은혜나 능력 (재능)

   (Gracia especial o habilidad para hacer algo)

3. (종교) 그리스도인이 신과 관련하여 신으로부터 받는

   자연적이며 초자연적인 은사

   ((Rel.) Bien natural o sobrenatural que tiene el

   cristiano, respecto a Dios, de quien lo recibe)

분명 스페인어 단어 don(재능, 능력)에 대한 설명인데, 자꾸
한국어 돈(dinero)에 대한 설명과 겹친다. 오늘날 돈은 선물이
면서 무언가를 하기 위한 특별한 은혜이자 능력이다. 단어를
'금수저'라고 바꿔서 앞선 사전 풀이를 읽어도 뜻이 통한다.

부잣집에서 태어나는 경우를 영어에서는 '은수저(silver spoon)'

라고 하며, 여기에서 더 발전하여 한국어에서는 '금수저'라고 한다. 스페인어에서는 nacer en cuna de oro(나세르 엔 꾸나 데 오로, 금으로 된 요람에서 태어나다)라고 한다.

산업화 이후 자본주의 아래 많은 것이 바뀌었다. 원래 유럽의 엘리트 교육(liberal arts)과 한국 선비들의 학문인 인문학은 돈 버는 것과 관련이 없으며 비실용적이었다. 그 시대에는 사, 농, 공, 상 중 생산계층인 농, 공, 상이 신분적 차별을 받았다. 정작 생산은 기술자, 장인들이 함에도 말이다.

이제는 기업인이 대통령도 하는 시대다. 돈을 다루는 기술이 있어야 노예가 되지 않는 세상이다. 스페인어에서 부동산은 Bienes raíces(비에네스 라이세스)로 직역하면 '뿌리가 있는 재산'을 뜻한다. 예전에는 계급으로 신분이 고착되었다면, 이제는 뿌리 달린 부동산을 중심으로 돈이 신분을 만든다.

Don en coreano equivale a don en español.
한국어 '돈'은 곧 스페인어 '돈(선물이자 재능)'이다.

꿈꾸는 걸까? 졸린 걸까?

¿Tienes sueño o un sueño?

Insanity is doing the same thing over and over again and expecting different results.

미친 짓이란, 매번 똑같은 행동을 반복하면서 다른 결과를 기대하는 것이다.

아인슈타인이 한 명언으로 회자되는 말이다. 이 자리를 빌어 진실을 밝히자면, 실제로 아인슈타인이 말했다는 증거가 없다고 한다. 즉, 그가 한 말이 아니라는 것이다. 이 말이 많은 사람들에게 인상 깊은 이유는 물리학자인 아인슈타인의 명언으로 알려졌기도 하지만, 그의 이름을 빼고서라도 내용 자체가 사람들에게 충격요법으로 작용하기 때문이다.

현재와 다른 미래를 꿈꾸지만, 똑같은 패턴으로 살아가기 쉽다. 계획을 세우기까지도 오래 걸리고, 막상 계획을 세워도 실천을 미룬다. 마음속에는 또다른 꿈을 꾸면서 선택과 집중 없이 갈팡질팡한다.

미래를 위한 꿈을 꾸는 걸까? 단순히 졸린 걸까? 갑자기 무슨 말이냐고 물을 수도 있다. 스페인어에서는 졸음과 꿈을 뜻하는 명사가 sueño(수에뇨)로 동일하다.

Yo tengo sueño.
나는 졸음을 갖고 있다 / 나는 졸리다.
Yo tengo un sueño.
나는 꿈을 갖고 있다 / 나는 꿈이 있다.

관사 하나로 뜻이 달라진다. 처음에는 어떻게 꿈과 졸음(수면)이 같은 단어일까 의아했다.

물론 많은 언어에서, 수면 중 꾸는 현실과는 동떨어진 꿈과, 깨어 있을 때 미래에 대해 상상하는 꿈을 동일한 단어로 표현한다. 하지만 잠, 졸음과 꿈을 같은 단어로 쓰는 언어는 많지 않다.

꿈의 뜻을 한국어 사전에서 확인하면 기본적으로 '실현하기 힘들다'는 것을 전제하며, 감정적인 특징이 있다.

꿈 [표준국어대사전]
1. 잠자는 동안에 깨어 있을 때와 마찬가지로 여러 가지 사물을 보고 듣는 정신 현상
2. 실현하고 싶은 희망이나 이상
3. 실현될 가능성이 아주 적거나 전혀 없는 헛된 기대나 생각

감상적으로 많은 꿈을 갖고 있는 상태는 역설적으로 졸린 상태일지도 모른다. 감상적인 꿈을 가장 빨리 이루려면 잠결에 꿈을 꾸면 된다. 하지만 꿈만 많다간 졸음만 많은 인생을 살 수도 있다.

그럼 꿈 대신 무엇을 가져야 할까? 바로 목표다. 목표는 꿈과 현실을 잇는 다리다. 목표를 세우다 보면 지금 꿈꾸고 있을 때가 아니라는 생각이 들어 졸음이 가신다.

Todo lo que necesitas para lograr tus objetivos ya está en ti.
목표를 이루기 위해 필요한 모든 것은 이미 당신 안에 있다.

파이팅

¡Ánimo!

– 파이팅!

국립국어원에서는 '파이팅'보다는 '힘내' '아자아자!' 등의 순화어를 권유한다. 파이팅의 원래 뜻이 '전투하다, 싸우다'라는 뜻이라서, 듣는 외국인이 오해할 수도 있기 때문이라고 한다. 파이팅과 Fighting은 발음이 전혀 달라서 진짜로 외국인이 오해할지는 모르겠다.

¡ánimo! (아니모)

스페인어로 힘내라는 뜻이다. 추상적일수록 사전에 뜻이 많다고, 이 짧은 단어에 많은 뜻이 담겨 있다.

ánimo의 여섯 가지 뜻 중에서 아래 두 가지가 응원과 가까워 보인다.

[스페인 한림원 사전]
2. 용기, 힘, 노력(Valor, energía, esfuerzo)
5. 인간 활동의 기본이 되는 영혼 혹은 정신(Alma o espíritu, en cuanto principio de la actividad humana)

즉, 스페인어 ¡ánimo!는 힘뿐만 아니라 영혼과 정신을 빌어주는 표현이다. 영어로 번역하면 Soul과 Spirit.

동물(animal)은 움직이는 생명체라는 뜻이며, 종이에 그려진 그림이 살아 움직이는 것 같아서, 생명을 불어 넣는다라는 의미로 움직이는 만화를 애니메이션(animation)이라고 한다.

살아 있음이란 곧 숨을 쉬고, 생기가 넘치는 모습이다. aliento(알리엔토)라는 단어는 숨, 정신, 생명이란 뜻과 함께 응원이란 뜻도 있다.

생명은 호흡이자 빛이다. 출산을 하다는 스페인어로 'dar a luz(빛을 주다)'라고 표현한다. 배우가 '연기를 하다(역할을 하다)'라는 표현으로 'dar vida a(배역에 생명을 주다)'라고 하기도 한다.

¡ánimo!라는 응원에는 영혼, 용기, 힘, 노력, 생명 등 많은 뜻이 응축되어 있다. 짧은 단어 하나로 여러 의미로 응원할 수 있다니 효율적이다. 파이팅! 아니모!

A veces cuando estés en un lugar oscuro, crees que has sido enterrado, pero en realidad te han plantado.

어두운 공간에 있을 때, 당신은 땅에 묻혔다고 생각한다,

하지만 실은 땅속에 심겨진 것이다(어두운 상황에 묻힌 것이 아니라 새싹을 내도록 심겨졌다는 의미).

3. 스페인어권에서 10월 12일 (Día de Hispanidad)

1492년 10월 12일은 크리스토퍼 콜럼버스가 아메리카 대륙을 발견한 날이다. 예전에는 스페인어권에서도 '아메리카 발견의 날'로 기념했으나, 점점 발견이라는 표현을 지양하는 분위기다.
그렇다면 각 나라는 현재 이날을 어떤 의미로 기념하고 있을까.

국가	공휴일 이름(스페인어)	공휴일 이름(한국어)
스페인	Fiesta Nacional de España Día de la Hispanidad	스페인 국경일 스페인어권의 날
콜롬비아	Día de la Raza y la Hispanidad	민족과 스페인어권의 날
칠레	Día del Encuentro de Dos Mundos	두 세계 만남의 날
아르헨티나	Día del Respeto a la Diversidad Cultural	문화 다양성 존중의 날
베네수엘라	Día de la resistencia indígena	원주민 저항의 날
볼리비아	Día de la Liberación, de la Identidad y de la Interculturalidad	해방, 정체성, 상호 문화의 날
페루 (공휴일 아님)	Día de los Pueblos Originarios y del Diálogo Intercultural	원주민, 상호 문화 대화의 날
벨리즈	Día Panamericano	범아메리카의 날
에콰도르	Día de la Interculturalidad y la Plurinacionalidad	상호문화와 다민족의 날

4. 콜롬비아 '흑과 백 카니발' 소개

남미 콜롬비아 인구는 한국과 비슷하다. 그러나 면적은 한반도보다 5배나 넓다. 다양한 콜롬비아의 기후와 지형 덕에 생긴 '생물다양성(Biodiversidad)'은 콜롬비아가 자랑하는 요소다. 인종 역시 다양하여, 콜롬비아 인구에서 흑인과 흑인혼혈은 10% 정도 차지한다.

콜롬비아에는 '흑과 백 카니발(Carnaval de negros y blancos)'이라는 재미있는 축제가 있다. 매년 12월 28일~1월 6일 콜롬비아 서남부지역(San Juan de Pasto)에서 열리며, 2009년 유네스코 인류무형문화유산에 등재되었다. 카니발 마지막 이틀이 하이라이트다. 행사참여 사람들은 첫날은 검은색으로 다음 날은 흰색으로 분장을 한다. 서로 다른 인종, 문화를 인정하고 존중하는 차원에서 분장을 하며 축하 행진을 한다.

콜롬비아 흑인 초코 이야기 - 흑인 손바닥이 하얀 이유
콜롬비아는 남반구에 있어, 북쪽으로 갈수록 덥다. 북쪽 태평양과 카리브해 근처는 흑인 인구 구성이 높으며, 초코(Chocó)주 인구 대부분이 흑인이다. 흑인의 손바닥이 하얀 이유에 관한 초코주 구전 이야기를 소개하고 싶다.

인류는 태초에 까맸다. 그런데 사람의 피부를 하얗게 하는 우유 강이 하나 있었다. 그 강에 맨 처음 들어갔다 나온 사람들은 하얘졌다. 그다음으로 강에 들어갔다 온 사람들은 황인이 되었다. 우유 강이 약간 더러워졌기 때문이다. 그다음 들어갔다 온 사람들은 중남미 원주민의 피부색을 띠게 되었다. 마지막 그룹이 강에 도착했을 때 우유는 거의 남지 않았다. 그래서 발바닥과 손바닥만 살짝 적셨다. 바로 흑인의 손바닥과 발바닥이 하얀 이유다.

제3장

빛나는
자유

기회는 남자일까, 여자일까?

El género de oportunidad

La oportunidad es calva en la nuca.

기회의 뒤통수에는 머리카락이 없다.

기회는 남자이기도 여자이기도 하다. 기회는 스페인어로 oportunidad(오뽀르뚜니닷) 혹은 ocasión(오까시온)이라고 한다.

[표준국어대사전]

기회(機會) : 어떠한 일을 하는 데 적절한 시기나 경우

[스페인 한림원 사전]

Oportunidad : 어떤 일을 하기 알맞거나 편리한 순간이

나 환경

(Momento o circunstancia oportunos o convenientes
para algo)

Ocasión : 어떤 것을 실행하거나 얻을 수 있는 기회
(Oportunidad que se ofrece para ejecutar o conseguir
algo)

'어떤 일을 해낼 수 있는 순간'이라고 세 단어 모두 말한다.

La oportunidad, La ocasión 두 단어 모두 스페인어에서는 여
성형인데 왜 여자도 되고, 남자도 된다고 했을까.

그리스신화와 로마신화는 천 년 정도 차이가 난다. 로마가 그
리스를 정복하면서 그리스신화를 흡수해서 변형, 재창조했다.

그리스신화에서 시간에 대한 신은 크로노스(Cronos)와 카이
로스(Kairos)가 있다. 카이로스는 크로노스의 자식 혹은 형제라
고 이야기마다 갈린다. 크로노스의 아내는 티케(Tyche)로 행운
과 재력을 주관한다.

크로노스는 양적인 시간을 뜻한다. 모두에게 통용되는 절대
적인 시간이다. 반면 카이로스는 질적인 시간을 뜻한다. 삶을

구성하는 특별한 순간, 기회라는 뜻이 있다.

<table>
<tr><td colspan="3">그리스와 로마 신화 인물표</td></tr>
<tr><td>그리스신화</td><td>로마신화</td><td>담당 분야</td></tr>
<tr><td>크로노스
(Cronos)</td><td>사르투르누스
(Sarturnus)</td><td>절대적 시간</td></tr>
<tr><td>티케
(Tyche)</td><td>포르투나
(Fortuna)</td><td>행운, 재력</td></tr>
<tr><td rowspan="2">카이로스
(Kairos)</td><td>오카시오
(Occasio)</td><td rowspan="2">상대적 시간
(기회, 순간 등)</td></tr>
<tr><td>템푸스
(Tempus)</td></tr>
</table>

둘 다 기회의 신이지만 그리스신화에서 카이로스는 남성이고, 로마신화에서 오카시오는 여성이다. 그래서 기회는 남자이기도 여자이기도 하다.

흥미롭게도 성별에 상관없이 둘의 생김새는 비슷하다. 뒤통수는 대머리고 앞에만 머리카락이 있다. 다리에는 날개가 달려 있다.

사람들이 기회의 앞모습을 보고 알아차린 후, 고민하며 시간을 끌다 잡으려는 찰나, 뒤통수에 머리카락이 없어서 기회를 놓쳐버린다. 기회는 날개가 달려서 순식간에 떠나가 버린다.

기회를 잡기 위해선, 매일 찾아오는 오늘들을 차곡차곡 쌓아 두었다가 기회가 오는 순간 알아차려야 한다. 이마에 머리카락을 발견하는 안목과 빨리 잡을 수 있는 결단력이 있다면 기회는 우리 편이다.

Cuantas cosas perdemos por miedo a perder.

잃을지도 모른다는 두려움으로 얼마나 많은 것을 잃었는가.

− 파울로 코엘료(Paulo Coelho) −

사람의 마음과 같은 자가당착어

Autoantónimos como el ser humano

피카소의 그림처럼 인생은 입체적이다. 그런 인생을 살아가는 우리들이 쓰는 단어도 마찬가지다. 한 단어에도 상반된 뜻을 가진 경우가 많다.

이런 종류의 단어를 영어로 contronym 혹은 Janus word(야누스 단어)라 하고, 스페인어로 autoantónimo(아우또안또니모)라고 한다. auto(스스로)+antónimo(반의어)인 정체성을 지녔다. 정반대인 뜻 모두를 의미하는 자가당착적 성격이다.

스페인어 단어 몇 개를 예시로 들어보자면 아래와 같다.

〈예시〉

dejar(데하르) : 시키다 ↔ 멈추다

heredar(에레다르) : 유산을 주다 ↔ 유산을 받다

alquilar(알낄라르) : 전세에 들어가다 ↔ 전세를 내다

huésped(우에스페드) : 손님 ↔ 주인

consultor(꼰술또르) : 상담을 받는 사람 ↔ 상담을 하는 사람

en absoluto(엔 압솔루또) : 0% ↔ 100%(문장에 따라 뜻이 달라짐)

영어 commencement는 시작을 뜻하는 동시에 미국 영어에서 끝을 나타내는 졸업식도 함께 의미한다. 학교 졸업은 또 다른 시작이다. 영어는 한 단어에 정반대의 뜻 모두 의미하는 경우가 많다.

〈예시〉

leave : 떠나다 ↔ 남다

screen : 검진하다, 상영하다 ↔ 감추다

일본어 역시 한 단어에 여러 뜻이 있는 경우가 있다. いらっしゃる(오다 ↔ 가다 ↔ 있다)는 세 가지 뜻이나 있다. '오다'와 '가다'도 반대이나, 어쨌든 둘 다 움직인다는 뜻이다. 그런데 '있다'라는 뜻까지 있으니, 반대의 반대를 거듭하는 단어다.

열 길 물속은 알아도 한 길 사람 속은 모른다고, 어떻게 사람 마음처럼 갈팡질팡하듯 정반대 마음이 공존하는 단어가 생기게 되었을까?

크게 네 가지 원인이 있다고 한다.

1. 옛말과 새로운 말이 충돌하면서 한 단어로 수렴
2. 지역별로 다르게 쓰이던 뜻을 한 단어가 흡수
3. 상대가 알아듣기 힘들도록 일부러 에둘러서 표현
4. 행위자와 행위의 영향을 받는 사람, 양자를 고려한 표현

한마디로 다양한 단어를 한 단어로 포용하려는 '유연성'과 청자와 화자를 동시에 생각하는 '배려심'에 기인한다고 정의하고 싶다.

이런 단어들이 우유부단하지 않냐고 질문할 수도 있겠다. 이도저도 아닌 것처럼 들릴 수도 있기 때문이다. 음, 어디 명확한데 우유부단한 경우를 동시에 뜻하는 단어는 없으려나.

스페인 사람들의 빛나는 자유

La libertad brillante de la que gozan los españoles

스페인 사람들이 밤에 노는 모습을 보고 깜짝 놀랐다. 태어날 때부터 구속받지 않고 자유롭게 산 사람들만이 할 수 있는 행동처럼 보였으며, 야생 에너지가 느껴졌다.

나 혼자만 이렇게 느낀 것은 아닌가 보다. 노르웨이, 스웨덴에는 '스페인 사람인 척한다'라는 표현이 있다. 어떤 일을 할 때 설령 불법일지라도 개의치 않고 한다는 뜻이다.

규칙, 규범을 특히 잘 따르는 북유럽 사람들에게 스페인 사람들은 속박되지 않고 자유를 온전히 느끼며 사는 것처럼 보일 것이다. 나 역시도 스페인 사람들이 그 표현처럼 보였다.

그런 모습을 보면 태양처럼 밝은 역사만 있을 것 같지만, 스페인 역사는 억압과 통제로 가득 차 있다. 1492년 스페인은 국토수복 전쟁에서 아랍왕조로부터 승리해 국가통합을 이루고, 라틴아메리카 대륙까지 차지해 '해가 지지 않는 나라'라는 별명이 붙을 정도였다. 그러나 그 후 패권이 다른 국가로 넘어가고 스페인 역사는 어두워졌다.

약 360년간 종교재판(Inquisición(인끼시씨온), 1478~1834)을 시행하며, 오랜 시간 동안 종교라는 이름으로 사람들을 처벌하고 탄압했다. 사람들은 이단으로 규정받지 않고자, 함부로 자신의 생각을 말할 수도 없었으며, 재판을 받게 되면 고문으로 어쩔 수 없이 거짓 증언을 하기도 했다.

옆 나라 영국에서는 산업혁명(1760~1840)이 일어나고 프랑스에서는 민주주의를 이끈 프랑스혁명(1789~1799)으로 근대화가 이루어진 것과 대조적이다.

19세기에 중남미 국가 대다수가 독립하고, 1889년 미국과 전쟁을 벌인 결과 마지막 남은 식민지인 쿠바, 필리핀, 푸에르토리코, 괌 지배권을 미국에 넘겨주게 된다. 패권이 미국으로 움직인 상징적인 사건이다.

스페인 근대화를 이끈 혁명은 따로 없었다. 스페인 혁명으로 스페인 내전(Guerra civil, 게라 시빌)을 꼽기도 하지만 앞서 말한 영국, 프랑스 혁명과 성격이 다르다. 공화파와 군부세력 간 3년에 걸친 스페인 내전(1936~1939) 결과 군부독재자 프랑코 (Franco)가 집권하게 되었다. 그 후 사망하기 전(1975)까지 약 36 년간 독재를 한다. 민주주의 운동으로 독재자가 하야한 것이 아니라, 프랑코가 82세를 일기로 사망하면서 민주주의가 시작 된 것이다.

스페인 사람들이 하고 싶은 말 하면서 자유를 누린 시기는 긴 역사에서 얼마 되지 않는다. 긴 시간 동안 종교재판과 독재 속에서 하고 싶은 말도 제대로 못한 채 살았다. 말라가 대학교 수 수산나 게레로(Susana Guerrero)에 따르면, 1970년대에 자유, 평등주의가 들어오면서 사람들은 비속어도 자유롭게 사용하였 으며, 직업, 신분, 성별을 초월하여 서로 대등하고 자유롭다는 것을 보여주기 위해 비속어를 더욱 사용했다고 한다. 언론에서 도 비속어 사용에 대해서 크게 통제하지 않는다. 그 영향이 현 재에도 지속되고 있다. TV에서 스페인 사람들이 말하는 수위를 들으면 놀랄 때가 많다.

어두운 긴 역사를 뒤로하고 자유가 허용되는 시대가 오면서 스페인 사람들은 그동안 없었던 표현의 자유를 맘껏 누리고 있다. 한국은 스페인보다 15년 정도 후인 1990년대에 들어서야 군부 대통령 시대가 막을 내리게 되었다. 두 나라 모두 민주주의를 현재와 같이 누리게 된 시기가 비슷하다.

만민평등, 표현의 자유라는 마라톤 결승선에 양국은 비슷한 시기에 들어왔고, 현세대가 그 바톤을 들고 잘 달리고 있다.

기적은 기적적으로 이루어지지 않는다.

－ 김대중 前 대통령, 1998년 일본 국회 연설 중

한국 민주주의가 우연히 주어진 것이 아니라

피와 땀의 결과라고 말하면서 －

이름을 경외하는 문화
La cultura que teme a llamar por nombre

내 소유지만 나는 잘 부르지 않는 것이 있다. 바로, 내 이름. 내 소유는 아니지만 소유자도, 나도 잘 부를 수 없는 것이 있다. 바로, 연장자의 이름이다.

한국에서는 연장자의 이름을 함부로 부르면 안 되는 문화가 있다. 타인에게 부모님 이름을 소개할 때도 글자마다 '~자'를 붙여야 예의다. 예를 들어 아버지를 소개할 때 '김 O자, O자입니다'라고 말해야 한다. 상대방 아버지를 뜻하는 표현으로 '춘부장'이 있는데 어렸을 때는 간혹 들었으나 요즘은 거의 못 들어본 것 같다.

물론 한국에서만 있는 풍습은 아니다. 중국 사상가 '공자

(孔子)'의 본명은 '공구(孔丘)'다. 감히 선생님의 이름을 부를 수가 없어서 '공자' 혹은 '공부자'라고 불렀다. '공부자'란 이름이 서구권에도 전해져 영어로는 Confucius, 스페인어로는 Confucio(꼰푸시오)라고 부른다.

이름을 경외하는 문화가 있다 보니 호칭이 발달했다. 조직에서도 직급으로 부르는 문화가 있고, 결혼을 하면 호칭은 더욱 복잡해진다. 결혼과 동시에 여자는 서방님이라고 불러야 하는 사람이 남편 외에도 여러 명 생긴다.

가족 호칭의 특징은 당사자의 이름을 어떻게 해서든 회피한다는 것이다. 이러니 큰아버지, 작은아버지가 많은 경우 이름이 헷갈리기 쉽다.

나이 차가 많이 나는 연장자를 부를 수 있는 호칭은 아주머니, 아저씨 등으로 한정적이다. 상대의 결혼 여부를 모른 상태에서 쓰기 실례 되는 표현이다. 나이 차이가 크게 나지 않으면 ~언니, ~형 혹은 ~이모, ~ 삼촌이라고도 한다.

외국에서는 연장자, 연소자 관계없이 이름을 부른다. 보수적이라고 생각하는 일본에서조차 그렇다. ~씨(さん, 상)라고 윗사람을 자연스레 부른다.

결혼 후 가족에 관한 호칭

남자가 부를 때	구분	여자가 부를 때
처가	집안	시댁
장인어른, 장모님	부모	아버님, 어머님
형님(처남)	손위 남자형제	아주버님
아주머니	손위 남자형제 배우자	형님
처남	손아래 남자형제	도련님(미혼)/서방님(기혼)
올케	손아래 남자형제 배우자	동서
처형	손위 여자형제	형님
형님, 동서	손위 여자형제 배우자	서방님
처제	손아래 여자형제	아가씨, 아기씨
제부, 매제, 동서	손아래 여자형제 배우자	서방님

콜롬비아에서 손녀, 딸, 할머니 등 가족 여럿이 함께 사는 집에서 거주했었다. 할머니는 70대 정도였다. 할머니에게 할머니(abuela, 아부엘라)라고 불렀더니, 이름으로 불러달라고 하셨다.

당황했다. 할머니를 공경해서 불렀는데 왜 이름으로 부르라고 하셨을까 의아했다. 현지 친구들에게 이유를 물어봤더니 여러 의견 중 하나가 할머니라고 하면 늙은 느낌이 나서 차라리 이름으로 불리우고 싶어서라는 추측이었다.

생각해보면 모든 사람이 늙고 싶어서 늙는 것도 아니고, 나이가 들어도 할머니라는 호칭이 아닌, '나'로 인정받고 싶을 것이다. 그런데 나이가 들어 자신보다 어린 사람이 많아지면 자연히 이름을 불러주는 사람이 줄어들 수밖에 없다.

윗사람 이름을 부르는 게 터부시되는 문화는 한국에서 윗사람과 인간관계를 맺는 데 얼마나 경직될 수밖에 없는지 보여주는 상징적인 예시다. 결혼 후 생기는 호칭도 마찬가지다. 서로 원하는 방식으로 부르는 것이 좋지 않을까. 호칭보다 중요한 건 관계 그 자체니까.

자유로운 인간이 되기 위한 습관

Un hábito para ser una persona liberal

스페인과 중남미에서 쓰이는 스페인어 차이 중 하나는 중남미는 미국과 가까워서인지 영어 외래어를 많이 받아들인다는 점이다.

언어별 영어 외래어 사용 예시

영어	한국어	스페인어(중남미)	스페인어(스페인)
computer	컴퓨터	computadora	ordenador
car	자동차	carro	coche
cellular	휴대폰	celular	móvil
apartment	아파트	apartamento	piso

외래어는 그 나라에 없는 개념을 표현하기 위해 빌려온 단어

다. 외래어는 동화된 정도에 따라 분류된다. 고무, 부처와 같이 외래어인지도 모를 정도인 귀화어가 있다. 그리고 센스(감각), 니즈(요구)처럼 한국어로 바꿀 수 있는 좁은 범위의 외래어와 플라스틱, 모델처럼 한국어로 바꾸기 힘든 차용어가 있다.◆

　일본어를 배우기 전까지, 한국어 안에 있는 한자어는 중국에서 온 외래어라고 생각했다. "우리가 쓰는 단어들은 서양 언어를 일본어로 번역한 단어를 그대로 가져온 것이다"라는 교수님 말씀을 듣기 전까지.

　예를 들어, '낭만적이다'라는 말이 있다. 영어로는 romantic, 스페인어로는 romántico(로만띠꼬)라고 한다. romantic의 뜻은 감정적, 사랑과 관계 있는, 비현실적 이야기가 가득한 로마 이야기를 뜻한다고 한다.

　일본어로 이 단어를 가져올 때 浪漫(물결 낭, 흩어질 만)이라는 두 한자를 택했다. 浪(물결 낭)은 기본적으로 물결을 뜻하며 그 외 뜻이 '눈물 흐르다' '허망하다' '터무니없다' '표량하다' 등을 포함하여 12개나 더 있다. 漫(흩어질 만) 역시 '질펀하다' '방종하다' '넘치다' 등 9개 이상의 뜻이 있다. 두 한자 모두 '함부

◆ 한국민족문화대백과사전 : http://encykorea.aks.ac.kr/Contents/Item/E0078785

로'라는 뜻을 공통적으로 갖고 있다.

단어 하나하나가 기체같이 틀이 없고 흘러가면서도 무모하다. 감정을 표현하면 딱 이런 느낌이 아닐까 생각된다. 일본식으로 발음하면 로-망으로 원어와 발음까지도 비슷하다.

이 단어를 일본어로 처음 번역한 사람은 구체적으로 옮기기 위해 얼마나 심층 깊게 탐구했을까 싶다. 보이지 않고 형체 없는 기체 같은 감정을 뜻하는 단어를 고체화하는 작업을 해낸 것이다.

한국어는 일본의 浪漫(로망)을 그대로 가져와, 낭만적이라고 말한다. 구체적으로 고체화된 외국 단어를 쉽게 가져왔다.

니시 아마네(西周, 1829~1897)는 서양 언어를 번역하기 위해 고심한 사람 중 한 명이다. 그가 번역한 단어를 몇 개 소개하고자 한다. 순서는 영어-스페인어-일본어다.

Art - Arte(아르떼) - 藝術(げいじゅつ, 게-쥬쯔) - 예술

니시 아마네는 Liberal arts를 '예술'로 번역했다. Liberal arts(자유 학문)는 인문학을 기반으로 역사, 철학, 예술학, 과학 교육을 뜻한다. 직업교육(농업, 비즈니스, 약학 등)은 포함되지 않는다. 현재는 일본어, 한국어에서 예술은 Liberal Arts가 아닌

Art를 지칭한다.

Science — Ciencia(시엔시아) - 科學(かがく, 카가쿠) - 과학

니시 아마네는 '다양한 학문 집합'의 의미로 '과학'을 사용했다. 과학은 지식이라는 뜻의 라틴어 Scientia(지식)에서 나왔다. 흔히 과학이라 하면 물리, 화학 등 자연과학을 좁은 의미로 쓰나, 보편적 진리나 법칙 발견을 목적으로 한다는 데서 인문학도 과학에 들어간다.

오늘날 과학은 자연과학, 인문과학, 사회과학 등의 총칭으로 쓰인다.

Philosophy — Filosofía(필로소피아) - 哲学(てつがく, 테츠가쿠) - 철학

Philo는 '~을 사랑하는', sophia는 '지혜, 가장 잘 알고 있다'라는 뜻이다. 앎을 추구하는 학문이라는 뜻으로, 니시 아마네는 단어 希哲学(희철학)을 제안했다. 어떤 연유로 希(희)가 탈락되었는지 모르겠지만, 한국어에서도 희철학이란 단어를 쓸 뻔했다.

외래어 사용은 미투상품(Me-too products)처럼 경제적이다. 미투상품이란 어떤 제품이 인기를 끌면, 다른 업체에서 재빠르게 같거나 비슷하게 만드는 상품이다. 시간을 아끼면서 경제적

실리를 채울 수 있다는 장점이 있다.

이러한 장점이 있지만, 한편으로는 석연치 않은 부분도 있다. 경제가치가 언제나 상위에 있지는 않기 때문이다. 다른 사람의 생각을 본인 사색 없이 쉽게 빌려오면 본인의 힘은 어떻게 기를 수 있을까.

우리가 현재 쓰고 있는 말 중 차용 당시와 현재 시대가 변해가면서 조금씩 다른 의미로 사용하고 있는 외래어도 있다. 지금 시대에는 '예술'이라 하면 미술 등의 활동을 떠올리지, 자유학문을 떠올리지 않는다.

자유학문(인문학)의 가장 큰 핵심은 생각하는 능력이다. 다방면에 있는 지식을 그대로 받아들이지 않고 이유를 생각하고 스스로 정의를 내려보는 것이다.

우리가 쓰고 있는 무수한 사전 속 단어는 기체인 우리의 감정과 생각을 잘 담고 있을까? 처음 도입했을 때와 현재의 시차로 지금 단어가 우리의 생각을 잘 표현하고 있지 않을 수도 있다.

습관적으로 쓰고 있는 단어도 한번 두드려보는 습관, 경제적이지 않을 수도 있지만 자유로운 인간이 될 수 있는 하나의 열쇠가 아닐까 싶다.

페르소나 고르기

Elegir máscaras

Hola, ¿Cómo estás? (올라, 꼬모 에스따스)

안녕? 잘 지냈어?

　인사말을 학습할 때 선생님이 설명한다. ¿Cómo estás?라는 질문에 한국 사람들은 '그저 그래(Así así, 아시 아시 / más o menos, 마스 오 메노스)'라는 표현을 꼭 쓰고 싶어 한다고. '안녕?'이란 단순한 질문이니까, 현지인처럼 Bien(비엔, 좋아)이라고 답하며 넘기라고 한다. 영어로 How are you라고 물었을 때 I'm fine으로 잘 넘기는 것처럼.

　외국어로 인사할 때 잘 대답하고 넘기다가 어느 날 갑자기 한국어 질문에 말문이 막혔다.

– 안녕? 잘 지냈어?

단순한 인사말이다. '응, 잘 지내'라고 대답하면 그만이다. 그렇게 대답했어야 했는데 몇 초간 정적이 흘렀다. 여러 생각이 스쳤다. 어느 정도 되어야지 잘 지낸 걸까? 실제로 어느 정도로 잘 지내는지 말해야 할까? 내가 사실대로 말한다면 대화를 이끌 수 있는 주제가 될까? 괜한 정보의 나열은 아닐까. 그렇게 시간이 지나갔다.

나는 말을 할 때 지나치게 신중할 때가 있다. 말할 때 조심스런 성향으로는 외국어를 빨리 체득하는 데 어려울 수 있다. 처음 외국어를 배울 때 힘들었던 점이 할 말이 없기 때문이었다.

과거형을 말하기 위해 지난 주말에 뭘 했는지 얘기해야 하는데, 주말에 한 일이 없었다. 대과거를 사용하여 '~했다면' '~했을 텐데'라는 가정형 구문을 만들어야 하는데 과거에 후회한 일이 없었다. 내가 좋아하는 것, 세상에 대한 내 견해, 과연 누가 들어줄까, 말을 하면서 어색했다.

외국어 연습을 하기 위해서는 나를 파악해야 했고, 그렇지 않으면 지어내기라도 해야 했다. 할 말이 없다고 묵묵히 있는 내게, 사람들은 말했다.

Hablar por hablar.
말하기 위해 말하세요.

외국어 말하기 연습을 위해서 일상이 잔잔한 일본영화라고 해도 할리우드 로맨틱 코미디 같은 상상을 하고, 의견이 없으면 만들어서라도 명확히 피력할 수 있어야 한다. 또 다른 '페르소나(persona)'를 만들어야 한다. 외국어에 따라 목소리, 표정, 제스처가 달라진다고 하지 않는가. 그 외국어에 맞는 페르소나를 연기하는 것이다.

이탈리아어와 스페인어에서 페르소나(persona)는 영어 person과 동일하게 '사람'을 뜻한다. 배우들이 썼던 가면을 라틴어에서 페르소나라고 칭했다고 한다. 현재 심리학에서는 타인에게 파악된 자아를 뜻한다. 스페인이 자랑하는 영화 감독 페드로 알모도바르의 뮤즈 페넬로페 크루즈처럼 영화계에서는 감독이 자신의 의도를 드러내기 위해 반복적으로 등장시키는 배우 등 다양한 의미로도 쓰인다.

Persona가 스페인어로 '사람'이란 뜻이라면 가면은 뭐라고 말할까. 스페인어로 가면은 Máscara라고 한다. Más(more, 더욱, 추가의)+cara(face, 얼굴) 이렇게 결합된 단어다. 화장품 마스카라는 Máscara de pestañas(속눈썹) 혹은 rímel(리멜)이라고 한다. 세계 여러 나라에서 속눈썹을 풍성하게 하는 화장품을 얼굴 하나를 덧댄다는 단어인 가면(mascara)이라고 부르는 점이 흥미롭다.

세계적인 디바 비욘세는 무대 위에서 당당한 모습으로 사랑 받는다. 한없이 강해 보이는 모습을 위해 'Sasha Fierce'라는 자신만의 무대 위의 페르소나를 설정하여 평소의 자신과 다른 모습으로 공연한다고 한다(2008년 발매 앨범명 〈I am… Sasha Fierce〉).

배우뿐만 아니라 우리 모두 다양한 역할을 하며 살아가고 있다. 외국어를 할 때, 사회생활할 때 각자 다른 가면을 써본다. 조직생활에서는 조직생활에 맞는 가면을 착용하고 있다. 그 모습은 나라는 사람의 일부일 뿐 전체가 아니다.

안 맞으면 다른 가면을 써볼 수 있다. 회사에서 일하는 내가 조금 부족할 수 있을지는 몰라도 나라는 사람 자체가 쓸모없거나 결점투성이는 아니다. 부분으로 전체를 판단하기에는 우리 안에는 우리 생각보다 강한 페르소나가 있다.

프란츠 카프카도 글 쓰는 보험회사 직원이었고, 고갱도 그림 그리는 은행 직원이었다. 보험회사 직원으로, 은행 직원 기준으로 이들의 삶을 평가한다면 과연 온전한 기준일까?

하나의 페르소나가 힘들다고 자책할 필요는 없다. 우리에겐 다양한 페르소나를 고를 선택권이 있기 때문이다.

• PS •

직업에 관한 스페인어 표현

cantante(깐딴떼) 가수

deportista(데뽀르띠스따) 운동선수

policía(뽈리씨아) 경찰

profesor/a(쁘로페소르, 쁘로페소라) 선생님

camarero/a(까마레로, 까마레라) 식당 종업원

cocinero/a(꼬씨네로, 꼬씨네라) 요리사

나는 알고 있는 걸까?

Saber vs Conocer

- 나는 미국이 어디 있는지 안다.
- 나는 미국을 잘 안다.

위 문장은 모두 '~을 안다'로 끝난다. 하지만 스페인어로는 '알다'를 표현하는 동사는 두 가지가 있다. 정보나 지식을 알 때는 saber(사베르) 동사를, 내가 경험하여 깊이 알 때는 conocer(꼬노세르)를 쓴다. 첫 번째 문장에 나온 미국의 위치는 지식이기 때문에 saber 동사를, 두 번째 문장처럼 미국에서 살아봤다는 전제하에 정말 잘 알 때는 conocer를 쓴다.

saber로써 알기 위해서 책을 보거나 뉴스를 듣는다. conocer로 알기 위해서는 가방을 싸서 여행을 가본다.

어떤 사람에 대한 이야기를 남에게 듣고 난 후 그 사람에 대해서 안다고 할 수 있을까? 단지 saber에 그칠 뿐이다. 그 사람과 대화를 하고 같이 시간을 보내야 알 수 있다(conocer). 스페인어에서 '사람을 안다'라고 할 때는 경험을 수반하는 conocer 동사를 쓴다.

'생각한다, 고로 존재한다'라는 데카르트의 경구와 반대로 산 소설 주인공이 있다. 바로, 스페인 작가 세르반테스 소설 주인공 '돈키호테'다. 그는 철저한 경험주의자로, 무모하리만큼 경험(conocer)이 앞선다. 생각과 성찰보다 체험이 앞선다.

아이러니하게도 세르반테스는 돈키호테를 세비야의 감옥에서 집필했다. 무언가를 알기 위해서는 책을 읽는 것만 가능한(saber), 경험의 기회가 철저히 배제된 환경이었다.

Saber para conocer.

1차 번역 : 알기 위해서는 알아야 한다.

2차 번역 : 깊숙이 경험하기 위해서는 정보를 미리 파악해야 한다.

힘들게 이해하고 외워서 알게(saber) 된 철학, 역사, 수학 공식은 왜 그렇게나 쉽게 휘발되는지 모르겠다. 그나마 같이 공부한 친구들, 여행 등의 특별했던 경험은 지식보다는 오래 남는다.

saber는 금방 휘발되며 conocer는 무모하다. 새로운 지식과 경험에 대한 두려움보다 기대를 갖고 saber와 conocer를 조화롭게 해나가면 삶은 계속 풍요롭지 않을까.

Muere lentamente quien no viaja, quien no lee, quien no escucha música, quien no halla encanto en si mismo.

여행하지 않는 사람, 책을 읽지 않는 사람, 음악을 듣지 않는 사람, 자신의 매력을 찾지 못하는 사람은 천천히 죽는다.

– 파블로 네루다(Pablo Neruda) –

진품이 되는 과정

Casi o cuasi

아프리카 북단부 세우타와 멜리야 지역은 스페인 영토이며, 스페인 본토 또한 아프리카 대륙과 가까워서 많은 아프리카인들이 먹고살고자 스페인으로 밀입국한다.

사하라 이남지역에서 온 아프리카인들은 유럽 고가 브랜드의 제품을 길바닥에 놓고 판다. 당연히 이 제품들은 모조품이다. 모조품이란 다른 물건을 본떠서 만든 물건이다. 진짜가 아니다. 진품이 고급스런 장소에서 판매될 때 가품은 먼지가 돌아다니는 길바닥 위에 놓여진다.

진품과 가품 이야기를 하며 casi(까시)와 cuasi(꽈시)라는 단어에 대해 말하고 싶다.

casi와 cuasi는 한 글자 차이다. 하나는 계속 움직이는 단어고 다른 하나는 그 자리에서 멈춰버렸다.

casi는 '거의'라는 뜻이다. 어느 기준이나 한도에 가까이 도달했을 때 쓴다. cuasi는 casi와 동일한 뜻 외에 라틴어 quasi를 스페인어로 표기한 것이다. cuasi는 다른 단어 앞에 붙어 '준(準)'이라는 뜻으로 쓰인다. 어떠한 비교 대상과 비슷해 보이지만 결국 그 대상에 도달하지 못한 경우다. 다른 뜻으로 '유사한' '사이비' 등이 있다.

casi(거의)와 cuasi(유사한) 모두 특정한 기준이나 비교 대상이 있다. 전자는 그 기준에 도달하는 과정 중이나, 후자는 기준에 도달하는 길 가운데서 멈췄다. 진짜처럼 보일락 말락 하는 사이비 단계에서 멈춰버렸다.

사이비는 나쁘다. 겉과 속이 다르기 때문이다. 러시아 여제 예카테리나 2세는 크림반도 합병 후, 그리고리 포템킨◆ 총독에게 크림반도 일부를 다스리게 했다. 1787년 예카테리나 2세는 크림반도를 방문했다. 그리고리 포템킨 총독은 크림반도를 잘 다스리지 못했던 터라 여제의 방문에 당황했다. 여제가 배를 타

◆ 러시아식으로 포툠킨(포촘킨)이지만, 일반적으로 쓰이는 영어식 포템킨으로 표기

고 저녁에 오면 성벽 그림을 항구 근처에 전시하여, 겉으로 보기에는 마치 크림반도가 저녁에도 반짝거리며 융성하는 것처럼 보이게 했다. 속은 어두컴컴하여 발전 없는 곳이었지만 말이다. 경제학자 폴 크루그먼은 속 빈 강정과 같은 경제 상황을 '포템킨 경제'라고 명명했다. 겉은 휘황찬란하나 속이 다른 경우 '포템킨 마을'로 많이 비유한다.

사이비(cuasi)가 나쁘다고 글을 쓰다 질문이 나에게로 향한다. 나는 사이비가 아닌 진짜 모습으로 살고 있는가. 본분에 충실하지 않고 겉모습만 그럴듯하게 버티고 있는 것은 아닐까. 일터, 가정, 인간관계에서 권리만 찾고 정작 역할 수행은 뒷전으로 하고 있지 않나 괜히 찔린다.

나는 cuasi(유사한)와 casi(거의) 사이를 걷는 중이다. cuasi(진짜와 유사한 곳)를 지나 casi(진짜에 거의 근접한 곳)로 향한다. casi를 넘으면 참되며(auténtico), 독창적(original)인 모습에 도달할 수 있으리라 기대하면서.

☀

인생은 공짜다

La vida es gratis

Mi vida es gratis.

내 인생은 공짜다.

거창한 뜻이 있는 말은 아니고 영국인 친구가 잘못 말한 문
장이다. 영어 free는 공짜와 자유라는 두 가지 뜻이 있다. 반면
스페인어에서는 공짜는 gratis(그라띠스), 자유는 libre(리브레)로
나뉜다. 친구가 말하고자 한 문장을 다시 표현하면 아래일 것
이다.

Mi vida es libre.

내 인생은 자유롭다.

만일 영국 친구가 말했던 '인생은 공짜다'라는 문장이 사실이면 어떨까 하는 상상을 해봤다.

집이 공짜라면 어떨까?

대학원 재학 중 달팽이를 키웠었다. 강아지, 고양이 등을 키우기에는 시간 여유가 없었고, 열대어는 교류가 없을 것 같았다. 달팽이를 위한 사료는 당근, 상추 등 다양한데, 계란 껍질을 반드시 줘야 한다. 계란 껍질은 달팽이가 자라면서 등에 달린 집도 같이 성장하는 데 쓰인다.

달팽이 등에 붙은 집은 점점 색이 진해지고 단단해진다. 음식을 먹으면 동시에 집도 커지는 달팽이를 보며, 집을 공짜로 달고 태어나서 부럽다는 생각을 했다. 집을 구하기 위해 부동산 공부를 하고, 열심히 돈을 벌어야 하는 인간의 운명이 무겁게 느껴졌다.

하지만 막상 달팽이처럼 집이 몸에 붙어 있다면 보기에도 이상하고 움직일 때 불편할 것 같다. 집이 몸에 붙어 있는 거북이와 달팽이는 움직이는 데 제약이 많다.

집이 몸에 붙어 있을 필요 없이 정부가 집을 무료로 준다고 생각해보자. 이미 공산주의 국가에서 그런 시도를 한 적이 있다. 그런데 집이 누구에게나 무료로 제공되니 물물교환처럼 집과 집 교환이 되었다고 한다. 부작용으로 이사를 하고자 해도 이사갈 동네의 집주인이 다른 곳으로 이사를 가지 않으면 거래가 성사되지 않아 불편했다고 한다.

가족, 직장 등 지금 내 주변에 있는 것들이 거저 얻어졌다면? 그렇다면 소중함을 모를 수도 있다. 화목한 가족도 자연스레 생기는 것이 아니다. 서로 이해하려고 노력하며, 함께 있는 소중한 시간을 확보해야 돈독해진다. 직장 역시도 힘들게 입사했기에 지금 하는 일의 소중함을 잊지 않고 묵묵히 일하게 된다.

낙타 혹(육봉) 안에는 지방이 가득하다. 사막길을 걸으며 장기간 영양 보충을 못해도 버틸 수 있도록 육봉이 등 위에 얹어져 있다. 등 위의 짐인 육봉 속 지방이 연소하여 물이 되면서 계속 수분을 보충할 수 있다고 한다.

낙타 혹은 무거워 보인다. 하지만 역설적이게도 육봉이 없으면 생존이 힘들어진다. 이처럼 우리 위의 짐이 없어지면 살아갈 동력이 사라질지도 모른다. 인생은 무료가 아니어서 무료하지 않다.

La vida es invaluable, porque es un regalo de Dios para disfrutar.

Lo que nos rodea es precioso, porque nos cuesta esforzarnos por mantenerlo.

인생은 값을 매길 수 없을 만큼 값지다, 왜냐하면 마음껏 즐기도록 신이 준 선물이기 때문이다.

우릴 둘러싼 것은 값어치가 있다, 왜냐하면 감사한 마음으로 그것을 유지하기 위한 노력이라는 비용이 들기 때문이다.

괜찮아

No pasa nada

힘들거나 난처한 크고 작은 일은 일상생활에서 생긴다. 괜찮다고 표현할 때 스페인어로는 이렇게 말한다.

No importa. (노 임뽀르따)

중요하지 않아.

No pasa nada. (노 빠사 나다)

아무 일도 아냐.

두 표현은 일상생활에서 정말 많이 쓰인다.

삶이라는 큰 쇠공은 계속 굴러간다. 그 길에 크고 작은 일들이 발생한다 하여도 공은 여전히 단단하다. 쇠공에 작은 상처가 날 수는 있어도 멈추지 않는다.

어떤 일은 일상생활 속 작은 일이 아니어서 정말로 공을 멈추게 할 수도 있다. 왔던 길을 다시 가게 하거나 전혀 다른 방향으로 이끌어버릴 수도 있다. 인생에는 고난과 시련이 항상 함께한다.

No hay mal que por bien no venga.
아직 오지 않은 선(善)이 있기에 세상에 나쁜 것은 없다.

눈앞에 펼쳐지는 일이 나쁘게 보여도 결국은 좋은 결과가 기다리고 있기에 나쁜 일은 없다는 뜻이다. 지금 겪는 시련은 다음 발자국을 딛게 하는 동력이 될 수도 있고, 반면교사가 될 수도 있다. 끝을 모르기에 나쁘다고 단정할 수는 없다.

스페인에서는 중간 이름에 Dolores(고통), Angustias(고뇌)를 넣는 경우가 있다. 어떻게 이런 단어를 이름에 넣을 수 있는지 물었다. 성경에 나오는 시련, 고통도 인간에게 필요한 과정이기에 이러한 단어도 이름에 넣는다는 답변이 돌아왔다.

No pasa nada(노 빠사 나다)라고 하면 마치 주문처럼 지금 생긴 어려움도 훌훌 털어버리게 된다. 설령 힘든 일이 있다 해도 다가올 좋은 일이 있기에 지금으로써는 좋은 일일지 나쁜 일일지 아직 알 수 없다. 인생이라는 쇠공은 지금도 굴러가고 있는 중이다.

Tu plan A no ha funcionado, pero quedan 26 letras más en el abecedario.

플랜 A가 잘 되지 않았다 해도, 아직 알파벳 26자가 남아 있다(스페인어 알파벳은 총 27자로 플랜 A가 실패했어도, 다른 방법이 많이 남았다는 의미).

Esperar, 희망과 기다림은 동의어다
El motor de la vida : esperanza

- Dum vita est, spes est. (Mientras hay vida, hay esperanza.)

삶이 있는 한 희망이 있다.

위 라틴어 경구를 다음과 같이 바꿔보고 싶다.

- Dum spes est, vita est. (Mientras hay esperanza, hay vida.)

희망이 있는 한 삶이 있다.

마음속 입과 귀는 너무도 가깝다. 자기 자신에게 쉽게 말하고 금방 우울한 기분에 빠진다. 스스로에게 모진 말을 하는 것은 습관이다. 실수를 하거나, 안 좋은 상황에 빠졌을 때, '그런

실수를 하다니 미움받을 거야 '잘 안 될 거야'라는 생각을 쉽게 한다. 같은 상황에 처한 주변 사람에게는 절대로 못 할 말이다.

타인의 상황은 긍정적으로 바라보며 힘들 때 설령 겉치레라도 따뜻한 말을 해주면서도, 정작 자기 자신은 냉철을 넘어서 혹독하게 바라본다. 스스로를 엄격하게 바라보는 시각은 상황을 객관적으로 인지하도록 도와준다. 하지만 앞으로 나아가게 하는 추진력은 없다. 결국 삶을 이끄는 동력은 희망이다.

희망은 스페인어로 esperanza(에스페란사)라고 한다. 동사로는 esperar(에스페라르)다. 재미있는 사실은 esperar 동사에는 '희망하다'라는 뜻과 '기다리다'라는 뜻이 함께 있다. 처음 이 동사를 배울 때 한 단어에 '희망하다'와 '기다리다'라는 뜻이 함께 있으면 혼란스럽지 않을까 싶었다. 이게 웬걸, 그런 일은 없었다.

생각해보면 본질적으로 희망과 기다림은 서로 통한다. 희망하며 이루어질 날을 기다린다. 희망이 없으면 더이상 기다리지도 않는다. 인생은 희망을 잃지 않고 기다리는 시간의 모임이다.

5. 스페인 대표 축제

스페인이 정열적으로 보이는 이유 중 하나가 각 도시별 축제 때문이 아닐까. 3월 발렌시아에서 열리는, 마을에 설치한 축제 조형물을 모두 태워버리는 라스 파야스(Las Fallas), 6월 무르시아에서 열리는, 아기들 위를 뛰어넘는 점프를 하는 엘 꼴라초(El Colacho), 7월 팜플로나에서 열리는, 길거리에서 소를 피해 전력질주하는 산 페르민(San Fermines), 8월 부뇰에서 열리는, 토마토를 서로에게 던지는 라 토마티나(La Tomatina), 10월 발렌시아에서 열리는, 다른 참가자의 어깨를 밝고 올라가 인간 탑을 만드는 로스 까스티요스(Los Castillos).

다른 나라에서도 도시 육성을 위해 이러한 스페인의 문화 컨텐츠를 빌리기도 한다. 스페인 축제 중 두 가지를 소개하고자 한다.

산 페르민 축제

산 페르민 축제는 매년 7월 6~14일, 스페인 북부 바스크 지방에 있는 팜플로나에서 열린다. 도시의 수호성인인 성 페르민(San Fermín)을 기리는 종교 축제다. 팜플로나 출신으로 기독교 포교활동을 하다 순교한 페르민 성인을 기리기 위해 3세기부터 기념행사가 열렸으며, 오늘날처럼 7월 축제로 자리 잡은 것은 16세기로 알려져 있다.

아흐레 동안 이어지는 축제 기간에는 교회가 주최하는 종교 행사와 더불어 민속 음악과 춤 공연, 장작 패기 같은 바스크 지방의 전통 경기 등 150여 개 행사가 팜플로나 전역에서 펼쳐진다.

그중 가장 유명한 행사는 '엔시에로(Encierro)'라고 하는 소몰이다. 사람들이 작은 길에서 뒤에서 쫓아오는 소를 피해 앞으로 돌진하는 행사로, 이 긴박한 상황은 생방송으로 중계된다.

라 토마티나

발렌시아 부뇰에서 열리는 토마토 축제로 매년 8월 마지막 주 수요일에 열리며, 주민보다 해외 관광객이 더 많이 참가한다. 1980년부터 시에서 본격적으로 진행했다고 한다. 2013년부터는 안전에 대한 우려로 인해 참가비(10유로)를 받고 참가 인원수도 제한하기 때문에 미리 예약해야 한다.

오전 11시가 되면 광장에 올리브 기름칠을 한 긴 장대가 세워지고 누군가가 그 꼭대기에 매달린 햄을 가지고 내려오는 순간 토마토 전쟁이 시작된다. 12시 정각이 되면 대포 소리와 함께 5대의 대형 트럭이 100만 개의 토마토를 실어오면서 던지고, 거리에는 뿌려놓은 5만 킬로그램의 토마토를 던지면서 광란의 파티를 즐긴다. 한 시간 가량 전쟁을 치른 뒤에는 참여자 모두가 힘을 합쳐 거리를 청소한다.

6. 스페인어권 음악

중남미 사람들 대부분은 춤과 음악을 즐긴다. '걷기보다 춤을 먼저 배운다'는 말이 있을 정도다. 스페인어권의 대표 음악에는 어떤 것들이 있을까.

스페인 - 플라멩코(Flamenco)

스페인 남부 안달루시아 지역의 전통 음악과 무용이다. 아랍 문화와 집시의 영향을 받았다. 처량한 기타 소리와 가수들의 목소리에서 남부지역 이민자들의 한이 느껴진다. 박수와 구두 소리(golpe)의 조화가 흥을 돋구기도 하지만 기본 정서는 슬픔이다. 그래선지 깊은 내면의 노래(cante jondo)라고 불린다.

춤, 기타, 노래가 3요소이다. 여기에 박수나 캐스터네츠가 추가된다. 옆에서 장단을 맞추어 소리지르는 관중도 역시 플라멩코를 구성하는 한 요소다. 무용수가 캐스터네츠를 들고 춤을 춘다.

관련 축제 : 매년 2월 말 혹은 3월 초에 열리는 Jerez Flamenco Festival, 4월 말에는 세비야에서 열리는 Feria de Abril(페리아 데 아브릴)

관련 영화 : 〈피의 결혼식(Bodas de sanre)〉, 〈카르멘(Carmen)〉 외

쿠바 - 살사(Salsa)

푸른빛 바다와 뜨거운 태양은 밝은 멜로디의 살사가 쿠바에서 생긴 이유가 아닐까. 살사는 스페인 식민지 시절 일손으로 낯선 타국에 끌려온 아프리카 사람들의 슬픔이자, 동시에 삶에 대한 기쁨을 잃지 않으려는 카리브의 메시지다. 아프리카계 쿠바인의 전통 음악인 쏜(Son) 등의 영향을 받은 음악과 춤으로 1960년대 미국 뉴욕에서 인기를 끌었다.

〈부에나 비스타 소셜 클럽〉은 1930~40년대 활동하던 쿠바 음악계 전설들을 영상으로 담은 영화다. 70~80대 노장들의 음악은 전 세계 관객들에게 감동을 주었다. 또 다른 유명한 아티스트로는 셀리아 크루즈가 있다. 1959년 쿠바 혁명으로 정국이 불안해져 미국에서 음악 활동을 했다.

설탕(Azúcar)이란 말을 노래 중간에 넣으며 흥을 돋우는 것이 특징이다. 인생의 희로애락과 삶을 예찬한 셀리아 크루즈의 별명은 살사의 여왕(Reina de la Salsa)이다.

관련 축제 : 12월 마지막 주에 열리는 콜롬비아 칼리 Feria de Salsa(페리아 데 살사)

아르헨티나 - 탱고(Tango)

아르헨티나의 탱고는 부에노스 아이레스 부둣가 '보카' 지역에서 가난한 사람들 사이에서 시작되었다. 탱고 음악에는 타악기가 없으며 남녀가 상체를 붙여 스텝을 맞추며 춤을 추는 것이 특징이다. 반도네온 소리와 열정적인 두 남녀의 춤은 관능적이다. 영화 〈여인의 향기〉에 나온 카를로소 가르델(Carlos Gardel)의 〈간발의 차이(Por una cabeza)〉는 국내에도 잘 알려져 있다.

1950년대 아스토르 피아졸라(Astor Piazzolla)의 등장으로 탱고는 춤추는 음악에서 감상하는 음악으로 발전했다. 그는 새로운 탱고(Nuevo Tango)로써 전통 탱고에 클래식과 재즈를 도입했다.

관련 축제 : 8월 아르헨티나 Buenos Aires Tango Festival

제4장

시간은
질투심이
많다

새로운 소리를 듣기 위한 열쇠
Llave para encontrar nuevo sonido

사람들은 편리함을 추구한다. 불편함은 많은 경우 편리함에게 패배한다. 훈민정음에서 네 개 문자는 이러한 연유로 현대한글에서는 빠지게 되었다. 사라진 네 개 문자는 아래와 같다.

ㅿ (반 시옷) : 'ㅇ'과 'ㅅ' 사이로 영어 Z 발음과 비슷하다고 추정.

ㆁ (옛 이응, 꼭지이응) : 'ㅇ'과 혼용하여 쓰다가 'ㅇ'만 현재 유지.

ㆆ (여린히읗, 된이응) : 이름처럼 여린 'ㅎ'과 센 'ㅇ' 발음 사이. 경상도 사투리에서 2와 e를 발음할 때 'e'를 강하게 발음하는데 그 발음과 같다고 추정.

ㆍ (아래아) : [ʌ], [ɒ] 발음과 비슷하며 현재 제주도 등에서 사용.

만일 이 발음들이 계속 남아 있었다면 외국어 자음과 모음을 익히는 데 조금은 더 도움이 되지 않았을까.

발음이 사라지는 현상은 여전히 진행 중이다. 초등학생 때 학교에서 장음의 유무(예 : 하늘에서 내리는 눈, 신체의 눈 / 먹는 밤, 늦은 밤), 모음을 정확하게 발음하는 방법을 배운다. 'ㅔ' 'ㅐ'를 발음할 때 입을 다르게 벌리라고 학습한다. 그런데 평소에 이를 정확히 지키는 사람이 얼마나 될까. 겹홀소리라고 배우는 'ㅙ' 'ㅚ' 'ㅞ' 등은 일상생활에서 이중모음으로 발음할 뿐더러 서로 구별도 잘 되지 않는다.

스페인어에도 화석처럼 흔적은 남아 있지만 사라진 발음들이 있다. 현대 스페인어에서 V는 B와 똑같이 발음한다. H는 묵음이다. 그래서 스페인어가 모국어인 사람들은 영어 'H' 발음을 힘들어 한다.

글자는 새로 만들어지기도, 사라질 위기를 겪기도 한다. 스페인어 알파벳 중 영어에 없는 글자 'ñ(에네)'가 있다. 발음이 특이한 것은 아니고 ña(냐), ñu(뉴), ño(뇨)로 발음된다. 중세 전까지는 nn으로 표기하다 ñ로 변모했다. 프랑스어, 이탈리아어에서는 같은 발음 표기를 'gn', 포르투갈어에서는 'nh'로 한다.

1991년 유럽경제공동체(EEC)에서 경제적인 이유로 ñ가 없는 키보드를 만들자고 제안했을 때 콜롬비아 대문호 가브리엘 가르시아 마르케스는 "알파벳 ñ(에네)는 다른 라틴어 계통 언어가 알파벳 두 개로 표현할 때 한 개로 표현할 수 있는 문화적 도약이다"라고 반박했다.

스페인어에는 한국어에 없는 발음이 있다. 혀를 떨면서 내는 r[rr], 번데기 발음이라고도 하는 z, c[θ] 그리고 ll 발음이다. ll는 지역에 따라 발음이 달라지는데, 일반적으로 'ㅇ' 발음, 아르헨티나에서는 'ㅅ'으로 발음한다. 또 많은 국가에서는 'ㅇ'과 'ㅈ' 사이 발음이 된다. 한글로 정확히 발음을 표기하기 어렵다.

세상에 존재하는 발음 소리를 문자로 표현하기 위해 국제음성협회에서 제창한 국제음성기호(IPA)가 있다. 앞서 말했던 'ㅇ'과 'ㅈ' 사이 발음인 ll 발음도 명확하게 IPA 음성 기호로 표시할 수 있다. 바로 귀 모양처럼 생긴 [ʒ] 기호다.

IPA에 나온 모음들을 들어보는데, 모든 소리를 구별할 수 있다고 자신했다. 그런데 발음기호는 분명 각각 다른데 내 귀에서는 서로 같게 들린다. 만일 내가 그 발음을 쓰는 화자였다면 제대로 구분했을 터인데 말이다.

다른 외국어를 배우며 한국어만 썼다면 알 수 없는 새로운 소리를 익힌다. 외국어 덕분에 세상에 존재하는 새로운 소리를 만나는 열쇠를 얻는다.

외래어 손님을 맞이하는 방법

Manera de atender al visitante : extranjerismo

– 내 이름은 너희 나라 말로 어떻게 말해?

신선한 질문이었다. 스페인어 화자가 충분히 할 수 있는 질문이다. 스페인어에서는 지명, 사람 이름 등을 스페인어식으로 바꿔 부른다. 브랜드 명이나 외래어도 마찬가지다.

고유명사 발음 예시

표기	실제 발음	스페인어식 발음
UCLA	유씨엘에이	우끌라
Disney	디즈니	디스네이
Colgate	콜게이트	꼴가떼
Hyundai	현대	윤다이
Wifi	와이파이	위피

서양 언어 성경책을 보면 등장인물 이름이 각 언어에 맞게 바뀐다. 성경책이 아니더라도 일상생활에서도 자기 나라 언어에 해당하는 이름으로 바꾸어 부른다.

언어별 여자 이름 예시

영어	독일어	프랑스어	이태리어	스페인어
Agnes	Agnes	Agnès, Inès	Agnese, Ines	Inés
Alexandra	Alexandra Sandra	Alexandra Sandrine	Alessandra Sandra	Alejandra Sandra
Gabrielle Gaby	Gabriele, Gabi	Gabrielle	Gabriela, Gabriella	Gabriela
Rachel, Rachael	Rachel, Rahel	Rachel, Rachelle	Rachele	Raquel
Clara, Clare	Klara, Clara	Claire	Chiara, Clara	Clara

언어별 남자 이름 예시

영어	독일어	프랑스어	이태리어	스페인어
Christopher	Christoph	Christophe	Cristoforo	Cristóbal
Henry Harry	Heinrich	Henri	Enrico	Enrique
Hugh	Hugo	Hugues Hugo	Ugo	Hugo
Mark Marcus	Markus	Marc	Marco	Marcos Marco
William	Wilhelm Willy	Guillaume	Guglielmo	Guillermo

크리스토퍼 콜럼버스(Christopher Columbus)는 영어식 표현으로, 실제 그의 출생지인 이탈리아어식으로 하면 크리스토포로 콜롬보(Christoforo Colombo)다. 스페인어에서는 크리스토발 콜론(Cristóbal Colón)으로 부른다.

사람 이름뿐만 아니라 지명도 바꿔서 부른다.

스페인어식 지명 표기

한국어 표기	스페인어 표기	한국어 표기	스페인어 표기
뉴욕	Nueva York	런던	Londres
베이징	Pekín	쾰른	Colonia
서울	Seúl	싱가폴	Singapur

＊ Shanghai, Miami는 철자는 같지만 '샹가이', '미아미'로 발음

외래어도 당당하게 스페인어식으로 발음하거나, 단어를 발음하기 편하게 철자를 바꾸는 스페인어권 화자를 보면, 로마자 알파벳으로 쓰인 외래어를 못 읽는 것은 웃음 소재도 아닐 뿐더러, 부끄러운 일이 아니라는 생각이 든다. 같은 로마자(알파벳)를 쓰는 사람들도 외래어를 서로 다르게 읽는데 한글을 쓰는 입장에서 낯선 로마자 단어를 못 읽는 것은 당연하지 않을까.

잘못된 친구

Falsos amigos

콜롬비아에서 있었던 일이다. 일본인 중년 남성이 수도인 보고타 시내를 잘 돌아보고 왔다고 했다. 어떻게 여행했는지 물어보니 택시기사가 친절하게 시내 곳곳을 알려주었으며, 둘은 친구(amigo)가 되었다고 했다. 그러나 마지막 말을 듣고 놀랄 수밖에 없었다. 내릴 때 몇십만 원을 지불했다는 것이다. 콜롬비아 물가로는 상상도 할 수 없는 높은 금액이었다. 듣던 우리는 일제히 말했다.

– 그는 당신의 친구가 아니네요.

사람뿐 아니라 단어 간에도 친구가 있다. 언어학자 막심 케

슬레르(Maxime Kœssler)와 쥘 드록퀴니(Jules Derocquigny)는 1928년 저서에서 프랑스어, 영어 통역 시 비슷하게 생겼으나 서로 뜻이 달라 통역을 방해하는 단어들을 '통역가의 거짓 친구'라고 표현했다.

이런 단어들은 영어와 프랑스어뿐만 아니라 스페인어와 영어 간에도 발견된다. 비슷하게 생겼지만 알고 보면 내포하는 뜻이 살짝 혹은 아예 다른 거짓 친구들(Falsos amigos)이다.

이러한 현상은 어원은 비슷하나 뜻이 변화 혹은 축소되거나, 우연히 철자가 비슷하여 생긴다. 그 유형은 네 개로 나뉜다.

1) 외형 동일 – 뜻 같거나 비슷(진실된 친구).✦
2) 외형 비슷 – 뜻 비슷하거나 살짝 다름(1, 3번 사이인 친구).
3) 외형 비슷 – 뜻 아예 다름(거짓 친구).
4) 외형 동일 – 뜻 아예 다름(거짓 친구).

✦ '진실된 친구'라는 표현은 '거짓 친구'의 반대를 설명하기 위해 임의로 만든 표현이다

영어와 스페인어 간 거짓 친구들(falsos amigos)

1. 외형동일 - 뜻 비슷 (진실된 친구)

진실된 스페인어 친구	외형과 뜻이 같은 단어		진실된 영어 친구
	영어	스페인어	
verdadero real (진실의)	real	real	real (진실의) royal (왕실의)
humor (유머의)	humor	humor	humor (유머의) mood (분위기)

2. 외형 비슷 - 뜻 비슷 (진실과 거짓된 친구 경계)

진실된 스페인어 친구	같아 보이지만 다른 거짓 친구		진실된 영어 친구
	영어	스페인어	
polémica (논쟁)	argument	argumento	resaoning (논증)
pregunta (질문)	question	cuestión	issue/topic (안건/주제)
solicitar(신청하다) aplicar(응용하다)	apply	aplicar	apply (응용하다)

3. 외형 비슷 - 뜻 아예 다름 (거짓친구, 제일 많음)

진실된 스페인어 친구	같아 보이지만 다른 거짓 친구		진실된 영어 친구
	영어	스페인어	
avergonzado (당황한)	embarrassed	embarazada	pregnant (임신한)
realmente (실제로)	actually	actualmente	currently (최근에)
al fondo (궁극적으로)	ultimately	últimamente	lately (최근에)
emocionado (신나는)	excited	excitado	sexually excited(흥분되는)

진실된 스페인어 친구	영어	스페인어	진실된 영어 친구
salida (출구)	exit	éxito	success (성공)
grande (큰)	large	largo	long (긴)
biblioteca (도서관)	library	librería	bookstore (서점)
tener éxito (성공하다)	succeed	suceder	happen (발생하다)
darse cuenta (깨닫다)	realize	realizar	make real (현실화하다)
fingir (~인 체하다)	pretend	pretender	claim (요구하다)
asir, coger (잡다)	grab	grabar	record (녹음하다)
grabar (녹음하다)	record	recordar	remind (기억하다)

4. 외형 동일 - 뜻 다름

| 진실된 스페인어 친구 | 갈아 보이지만 다른 거짓 친구 | | 진실된 영어 친구 |
	영어	스페인어	
carga (부담)	cargo	cargo	charge (역할)
una vez (한 번)	once	once	11(숫자)
alcalde (시장)	mayor	mayor	older (연장자의)
olla (프라이팬)	pan	pan	bread (빵)
pastel (파이)	pie	pie	foot (발)
rojo (빨간)	red	red	net (그물)
venir (오다)	come	come	eat (먹다)
venta (판매)	sale	sale	go out (나가다)

    겉과 속이 같은 진실된 친구의 수는 매우 적은 반면, 겉모습이 비슷하거나 같지만 속뜻이 다른 경우가 압도적으로 많다. 거짓 친구를 만날 확률이 압도적으로 높은 것이다.

단어 간 관계뿐만 아니라 사람 간 친구 관계도 마찬가지다. 비슷하거나 같아 보여서 만난다고 해도 다를 확률이 높다. 사람은 모두 다르다. 같은 부분을 기대하기보다는 처음부터 다른 부분을 인정하자는 마음을 먹는 편이 낫지 않을까.

"거울이 나의 가장 친한 친구다. 내가 울 때 웃지 않으니까." 찰리 채플린의 말이다. 내 마음과 정말 똑같은 존재는 거울밖에 없을지도 모른다.

최근 '바빠?'라는 말에 대한 생각이 문뜩 들었다. 상대가 바쁜 것을 묻는 이유는 결국 화자가 청자에게 무언가를 부탁하거나 대화 등의 상호작용이 가능한 상황인지 확인차 묻는 질문이다. 질문하는 사람과 상관없이 청자가 진정으로 바쁜지 안 바쁜지 물을 수 있는 사람은 자기 자신밖에 없다.

En la vida no perdemos amigos, solo descubrimos quienes son los verdaderos.

삶에서 친구를 잃는 것이 아니라 단지 진정한 친구를 발견할 뿐이다.

단어의 세계와 인간 세계가 '진정한 친구는 소수'라는 진리를 공유할 줄이야.

※

스페인과 중남미 스페인어 비교

Español de España y de Latinoamérica

이탈리아 단어 Ciao(차오)는 만날 때 인사말(Hello)이자, 헤어질 때 인사말(Bye)이다. 다른 나라 말에도 영향을 미쳤다. 스페인어는 헤어질 때 인사말로써 Chao(챠오)를 이탈리아어에서 빌려왔다.

Ciao(차오)의 어원은 '나는 당신의 노예입니다'이다. 나를 노예라고 할 만큼 스스로를 낮추고 상대를 존중하겠다는 은유적인 표현이 아니라 실제로 노예 신분이어서 지배계층 앞에서 이렇게 말했다고 한다.

비잔티움 제국의 위세는 널리 이탈리아 북부지역 베네토(Veneto)까지 퍼졌다. 비잔틴 제국은 농노제를 시행했으며, 노예가 생기면 농노제 아래에 두며 적의 이름이었던 Sklavino(슬라브족)라고 불렀다. 식민지가 된 이탈리아 베네치아 사람들이 했던 말인, s'ciàvo vostro(Soy servidor vuestro, 전 당신 노예입니다)라는 문장이 오늘날 Ciao로 내려오게 되었다.♦ 이처럼 '차오'는 지배, 피지배 관계가 녹아 있는 단어다.

스페인과 중남미의 스페인어 간 여러 차이점이 있다. 그중 지배관계로 인해 생긴 특징을 몇 가지 짚어보고 싶다.

1. 중남미에서는 '너희들'이란 표현이 없다

스페인어는 주어 여섯 가지 형태를 기반으로 동사변형을 한다. 그런데 중남미에서는 '너희들(Vosotros, 보소뜨로스)'을 아예 쓰이지 않는다. 대신 '당신들(Ustedes, 우스떼데스)'만 쓴다. 친구들 사이에서도 '당신들'이라고 말하니, 스페인 사람들 입장에서는 다소 어색하다. 애니메이션 〈101마리 달마시안〉처럼 강아지 여러 마리가 주인공인 경우에도 중남미 더빙에서는 '당신들(Ustedes)'이라고 쓴다. 스페인 사람들 입장에서는 박장대소할 수밖에 없다.

♦ 이탈리아 Ciao 어원 : https://es.wikipedia.org/wiki/Chao_(saludo)

2. 식민 시대에 지배층을 높이던 표현이 남아 있다.

'뭐라고?'는 ¿Cómo?(꼬모)라고 한다. 그런데 멕시코에서는 ¿Mande?(만데)라고 하는데, Mandar(명령하다)에서 나온 표현으로 '명령하세요'라는 뜻이다.

Su merced(수 메르셋(신의 은총님, 지배자에게 쓰이는 은유적 호칭))는 콜롬비아 일부 지역에서 인사로 쓰인다. 콜롬비아 보야카 지역 사투리 인사말은 Siga sumercé(시가 수메르세)다. 서두에 말한 Ciao와 비슷한 사례로, '안녕하세요'로 쓰이지만 직역하자면 '분부대로 하겠습니다'이다.

위 두 표현 모두 식민지배 역사의 굴욕적인 잔재로 생각할 수도 있겠지만, 한편으로는 상대를 존중하는 표현의 발달로 볼 수도 있다.

3. 스페인 사람들은 비속어를 쓰는 비율이 훨씬 높다.

일본어와 비교 시 한국어에 욕이 많다고 한다. 하지만 한국어가 유독 욕이 많은 언어는 아니다. 영어만 봐도 욕, 비속어가 굉장히 많고 스페인어도 만만치 않다. 스페인에 있으면서 일상에서 성별, 세대를 뛰어넘어 비속어를 쓰는 모습을 많이 봤다. 중남미와 비교했을 때 압도적으로 많이 쓴다.

스페인 비속어 문화 원인 중 하나는 근대 민주화다. 이 시기계층 간 평등을 주장하고자 욕설도 자유롭게 허용하는 분위기가 있었다고 한다. 그러나 이러한 이유 외에도 식민지 지배 역사도 원인이지 않을까 싶다.

지배자의 언어였던 스페인식 스페인어가 거칠고 직설적이라면 피지배자의 언어였기에 중남미 스페인어는 부드럽고 은유적 표현(eufemismo)을 쓰는 방향으로 발전하지 않았을까.

지역별로 다양한 특징을 녹여 스페인어는 풍부하게 발전했다. 한국은 식민지를 지배한 경험도 없고 한국어가 스페인어처럼 널리 쓰이지도 않는다. 만일 한국어도 정치역학 관계 아래 한반도를 넘어 여러 지역에서 오랜 시간 쓰였다면 어떤 모습으로 다양하게 발전했을지 사뭇 궁금해진다.

마음의 시제

Tiempo de Corazón

우리는 지구에 산다. 국가마다 정해놓은 시간 안에서 움직인다. 혼자 시각을 정해서 살 수는 없다. 지구 위 존재하는 국가 간 시차는 모두가 협의하고 공유한 약속이다.

그렇지만 각 언어에서 서로 다른 시제 사용을 선호할 때가 있다. '명사+했습니다'는 보통 과거를 뜻한다. '숙제 했습니다', '식사 했습니다'라고 하면 숙제와 식사 행위를 완료했다고 생각한다.

일반적으로 '결혼했어요?' '임신했어요?'라고 '명사+했다'라는 구문으로 질문을 하지만, 결혼과 임신의 완료가 아니라 현재 그러한 상태인지를 묻는 표현이다. 과거에 시작되어 현재까지 영향을 미치는 상황일 때 한국어에서는 과거형 사용을 선호한다. 언어습관이 그렇다. 다른 언어에서는 같은 질문을 할 때

'결혼한 상태예요' '임신한 상태예요'처럼 현재형을 주로 쓴다.

언어별 상태 표현 구문

한국어	일본어	영어	스페인어
결혼 했어요?	結婚していますか。	Are you married?	¿Estás casado /casada?
임신 했어요?	妊娠していますか。	Are you pregnant?	¿Estás embarazada?

다른 시제를 선호하는 또 다른 사례가 있다. 어떤 일을 마치고 상대에게 감사를 표할 때 한국어에서는 '감사합니다'라고 일반적으로 말한다. '감사했습니다'라고 하면 당분간 안 보거나 그 사람과 다시 볼 확률이 낮은 느낌이다. 그런데 일본어에서는 오늘 일을 마치고 내일 다시 보는 상황에서도, 일일 방송을 마무리할 때도 일단 상황이 종결되면 과거형으로 말한다. ありがとうございました(감사했습니다). 영어에서는 현재 정해졌거나 가까운 미래에 일어날 일은 현재시제가 미래를 의미한다고 배운다.

이처럼 각 언어별로 시제를 대하는 습관이 다르다. 한국어는 기본적으로 시제가 간단하다. 과거, 현재, 미래에 하는 '행동'에 기반한 점 위주로 표현을 한다. 동양어보다 서양어는 시제가 좀 더 복잡하다. 행동과 행동 사이의 선의 시간도 일반적으로 묘사하기 때문이다.

스페인어에서는 과거도 행위의 빈도에 따라 단순 과거와 불완전 과거로 시제가 두 개로 나뉜다. 영어처럼 "아침 먹었니?"라는 질문을 할 때도 단순 과거로 물어볼 수도 있고, 현재완료(have+pp)처럼 물어볼 수도 있다. 기본적으로 서양언어에서 시간은 선의 개념이다.

언어별로 같은 상황을 묘사하는 시제가 다르다고 해도 행위가 그 시간에 일어났거나 일어날 예정이라는 사실은 변하지 않는다. 우리가 정해놓은 시간대 안에서 움직인다.

헷갈리는 것은 국가 간 언어습관이 아니라 사람 안의 마음속 시제다. 마음은 국제표준시를 따르지 않는다. 연인이라 할지라도 한쪽은 미래에 먼저 가 있을 수도 있다. 이별했지만 마음은 여전히 과거에 머물러 있기도 한다. 타국에 가서 경험하는 시차는 피곤할 뿐이지만 마음 간 시차는 너무도 괴롭다.

남태평양에는 섬나라가 많다. 세계에서 가장 해가 빨리 뜨는 곳인 키리바시 공화국의 키리티마티 섬과 쿡 제도(뉴질랜드령)는 매우 가깝고 시각이 같아 겉보기에는 잘 통할 것 같다. 그런데 시차가 24시간으로 실은 날짜가 전혀 다르다. 보이는 것만으로는 모른다.

우주를 구성하는 단어

Palabras en el universo

도서관에 가면 허공에 단어들이 떠다니는 듯하다. 1미터, 1.5미터, 2미터 등 각각의 위치에 잘 자리 잡고 있다. 서가에 꽂힌 책이라는 안정적인 집 안에서 단어들이 거주하고 있다.

비슷한 생각을 먼저 표현한 아르헨티나 작가가 있다. 호르헤 루이스 보르헤스(1899~1986)다. 보르헤스는 20세기 포스트모더니즘 작가로 꿈속의 꿈에 대한 이야기를 하는 등 주로 단편 소설을 썼다. 단편이라 짧다고 해도 그 내용은 어렵다. 노벨 문학상 후보에 계속 올랐지만 결국은 받지 못했다. 그는 저서 『바벨의 도서관』에서 자신의 우주관을 표현했다. 그중 아래와 같은 묘사가 있다.

1개의 진열실에는 20개의 책장이 있고 책장마다 32권의 책이 있다. 한 권에는 410페이지가 있고 한 페이지는 40줄이며 한 줄에는 80여 개의 글자가 쓰여 있다.

작가 역시도 하늘의 별과 같이 무수한 단어들이 아득하게 느껴졌으리라.

도서관에 거주하는 단어는 평생 책 속에서 책의 내용을 구성하는 한 가지 역할에만 충실한 채 살아간다. 허나 인터넷 세상에서 살아가는 단어는 많은 역할을 한다.

단어는 끊임없이 돈을 번다. 키워드(keyword)는 어떤 글의 핵심단어로 포털 사이트 검색 시 그 글에 접근할 수 있도록 도와주는 역할을 한다. 문을 열고 어떤 집에 들어가도록 도와주는 열쇠와 같다. 서로의 집에 와달라고 하는 상황이라 서로 키워드라는 열쇠 값에 돈을 지불한다.

도서관에 있었다면 쌓여가는 먼지 안에만 머물러 있을지도 모르는데, 온라인 세상에 나와서 몸값을 올리고 있다.

단어는 연결자의 역할을 한다. 비슷한 관심사를 가진 사람들은 비슷한 단어를 입력할 확률이 높다. 단어 덕분에 서로 연결된다. 사람뿐만 아니라 단어 검색으로 다양한 세계를 만난다.

수많은 온라인 커뮤니티, 다양한 국가의 글이 나온다.

사람들은 여러 분야에서 관심 있는 부분들을 엮어 자신만의 우주를 만들어간다. 이 책은 다양한 단어가 모인 글로 구성되어 있다. 누군가는 이 책의 어떤 부분과 자신의 세계를 결합해 새로운 우주를 만들 것이다. 서로 다른 모양의 우주가 그렇게 서로 만나고 충돌하며 팽창되어간다.

• PS •

책에 관한 스페인어 표현

libro(리브로) 책

novela(노벨라) 소설

ensayo(엔사요) 수필

protagonista(쁘로따고니스따) 주인공

autor/a(아우또르, 아우또라) 작가

género(헤네로) 장르

36.5℃의 위대함

Realistas y soñadores

Seamos realistas y hagamos lo imposible.

우리 모두 리얼리스트(현실주의자)가 되자. 그러나 가슴속에 불가능한 꿈을 품자.

널리 알려진 체 게바라의 명언이다. 그런데 이 문장을 바라볼 때마다 스페인어와 한국어 번역문의 간극이 느껴졌다. 스페인어 원문을 직역하면 아래와 같다.

- 우리 모두 리얼리스트가 되자, 그러나 불가능한 것을 하자.

한국어 번역에서는 '꿈을 품자'였지만 실제 문장은 '하자'이다.

현실주의자여도 불가능해 보이는 것을 하자는 원문의 뜻이다.

체 게바라가 했다는 말로 알려졌으나 실제로는 그가 언제, 어디서 했는지는 정확하지 않다. 그가 한 말로 알려진 이유를 파악하기 위해서 두 가지에 대해서 말하고 싶다. 뜨거운 사람 체 게바라와 뜨거운 혁명인 프랑스 68혁명이다.

체 게바라(Ernesto Guevara, 1928~1967)는 아르헨티나 의대생이었다. 그는 중남미 대륙을 여행하다 빈부격차로 인해 농장에서 노동력을 착취당하는 민중을 보며 부조리하다는 생각을 하였으며, 혁명을 계획한다. 과테말라 혁명은 실패했지만 1959년 쿠바에서 피델 카스트로와 연합해 친미 성향의 바티스타 정권을 하야시키고 혁명에 성공한다.

쿠바에서 산업부 장관을 역임하게 되었지만, 국가 경제는 악화되었다. 당시 냉전체제로 미국과 소련은 대립하고 있었다.(공산주의 국가 안에서도 서로 갈등하며 전 세계 외교 무대는 치열하고 복잡했다.) 외교 무대에서도 체 게바라는 활약하지 못한다. 치밀한 전략가는 아니었던가 보다.

자신의 유토피아를 건설하기 위해 아프리카 콩고에도 가보지만 실패하고, 미국과 소련 눈 밖에 난 체 게바라는 볼리비아 정글에서 총살당한다. 체 게바라는 뜨거운 열정으로 신념을 실현하려고 했던 사람이다.

체 게바라가 죽은 다음 해인 1968년 프랑스에서는 학생운동이 일어난다. 처음에는 대학생부터 시작된 시위가 노동자들까지 가세해 대규모 혁명이 된다. 보수적인 교육제도와 기존의 모든 권위와 금기에 반대했다.

그때 사람들이 들던 피켓에는 체 게바라, 마오쩌둥 등의 얼굴과 함께 여러 슬로건도 적혀 있었다.

Seamos realistas, y soñemos lo imposible.
리얼리스트가 되자, 그러나 불가능한 것을 꿈꾸자.
Seamos realistas, y pidamos lo imposible.
리얼리스트가 되자, 그러나 불가능한 것을 요구하자.

체 게바라 얼굴과 위 슬로건들이 함께 적혀 있으니 인터넷도 없었던 시절에는 그가 한 말로 알려지지 않았을까.

두 번째 문장은 독일 프랑크푸르트학파 철학자 마르쿠제(Herbert Marcuse, 1898~1979)가 했던 말이다. 마르쿠제는 우리가 느끼는 욕구 중 타인에 의해 조작된 욕구도 있다고 했다. 보이지 않는 체제나 광고로 욕구가 조작된다는 것이다. 이 욕구를 해소하기 위해 과도한 노동을 하며 인간소외가 일어난다고 했다. 그리고 이러한 제도와 계급에 반대하는 위대한 거부가 필요하다고 했다. 마르쿠제는 생계만 생각하고 조작된 욕구에 휩쓸리며 세상을 분별없이 살아가는 사람들을 저서 『일차원적 인간』을 통해 비판한다.

무비판적으로 살아가며 타인의 욕구인지 내 욕구인지 구별하려는 노력조차 하지 않는 태도라면 분명 문제가 있다. 광고 등에 휩쓸려 충동구매를 하고, 자신에 대한 성찰 없이 타인이 원하는 대로만 끌려 다니는 삶 또한 그렇다. 그러나 조작된 욕구 자체가 꼭 나쁘다고 볼 수 있을지 의문이다.

사람들은 현실을 살아가기 위해 스스로 꿈을 조작하기도 한다. 다른 말로는 세상과 어느 정도 타협을 한다고 할 수 있다. 그렇게 진로를 결정하고, 직장에도 들어가고 사람들과 어울린다. 그리고 두 발을 딛고 땅 위에서 살아간다.

체 게바라와 마르쿠제가 말한 유토피아는 어디에 있을까? 유토피아(utopia)의 본뜻은 어디에도 없는 장소가 아니었던가.

가상 장소가 아닌 현실에서 뜨겁지도 차갑지도 않은 36.5℃를 유지하기 위해 사람들은 치열하게 살아가고 있다. 비록 꿈꾸던 삶이 아니더라도, 설령 꿈이 없었더라도 하루하루 고군분투 해나가는 것 역시도 위대하다고 생각한다.

뜨거움과 차가움의 조화는 중요하다. 발은 따뜻하게 머리는 차갑게 유지해야 건강하다고 한다. 물론 실제 온도에 대한 이야기지만 동시에 발로 열심히 행동하고 머리로는 비판적으로 생각하라는 은유로도 들린다.

나는 생각한다, 고로 존재하지 않는다
Cultura andina : Ayllu y Chakana

남미 안데스 산맥(에콰도르, 볼리비아, 페루 등)에는 케추아(Quecha)족과 아이마라(Aymara)족이 산다. 수천 년의 문화를 간직하며 살아가는 이들을 '원주민'이라고 부른다. 나 또한 원주민이란 단어를 자연스레 쓰다 문득 '원주민'이란 말도 침략자들의 관점이 아닐까 하는 생각이 들었다. 이 사람들 역시 여전히 자신의 터전을 살아가는 '주민'일 텐데.

우리나라 단군력이 기원전 2400년 전부터 시작되어 우리나라 역사를 4천 년이 넘었다고 보는 것처럼 안데스 아이마라족은 기원전 3508년부터 시작되어 현재 역사가 5천 년 이상 되었다고 말한다.

안데스 문화 중 흥미로운 세계관 두 가지 대해서 소개하고 싶다. 바로 아이유(Ayllu, 공동체)와 차카나(Chakana, 관계)다. ◆

1. 아이유(Ayllu, 공동체)

아이유는 한마디로 사람, 식물, 동물, 자연이 역동적으로 어울려서 사는 공산이다. 이 모든 것을 가족이라고 생각한다. 예시로 농장에서 갓 수확한 감자에 며느리의 이름을 부른다던지 초자연적 인격체를 삼촌, 아주머니라고 부른다. 서로 연결되어 있으니 모두 소중하게 다룬다.

2. 차카나(Chakana, 관계)

차카나는 잉카 문명을 상징하는 문양인데 십자가와 닮아 '잉카의 십자가'라고도 불리운다. 차카나 안에 우주 근본 요소가 들어 있다.

서구에서는 A와 B가 존재하기에 선이 둘을 이어 관계가 생긴다고 생각한다. 그런데 안데스 문명에서는 관계가 있기에 A와 B가 있다고 생각한다. 코카 잎은 우주와 신성한 존재를 잇

◆ 출처 : 19p, 22p 안데스 문명의 자연관(Sumak Kawsay)과중용(中庸)의 성(誠)론에 대한 상호문화적 해석(2016), 김은중, 서울대학교

는 식물이다. 우주와 신성한 존재는 눈에 보이지 않지만 둘을 이어 관계를 완성하는 코카 잎은 눈에 보인다. 코카 잎이 있기 때문에 A와 B도 있는 것이다. 이렇게 사람은 우주 질서와 연결되어 있다.

서구 사상의 핵심인 데카르트 명제가 있다. '나는 생각한다, 고로 존재한다.' 그러나 안데스 문명식으로 말하면 '나는 생각한다, 고로 존재하지 않는다'이다. 인간이 별도로 독립하여 나와 우주 질서가 깨지면 안 되기 때문이다.

안데스 사람들의 발상이 흥미롭다. 나는 고유한 특성을 가진 개인이 우선이지만 공동체 안에서 생존하기 위해서는 어쩔 수 없이 관계도 중시해야 한다고 생각했다. 그런데 안데스식 사고에 따르면 관계라는 끈이 존재하기에 개인도 존재한다고 말한다.

아프리카 코끼리, 얼룩말처럼 무리 지어 사는 것은 피곤하고 로빈슨 크루소처럼 혼자 사는 것은 외롭다. 사전에서는 인간(사람)에 대해서 명확하게 정의를 내려준다. 데카르트가 정의한 모습도 안데스 사람들이 말한 모습도 모두 들어 있다.

사람 [표준국어대사전]

1, 생각을 하고 언어를 사용하며, 도구를 만들어 쓰고 사
   회를 이루고 사는 동물

참된 인간으로 살아가는 것도 참 보통 일이 아니다.

안데스 시간의 방향

Tiempo para los andinos

시간은 직선 화살표 방향으로 나간다. 이마가 앞 방향인 미래를 향해 있고 뒤통수는 뒷방향인 과거를 향한다. 시간은 이마 앞을 보고 걸어간다.

한자 前은 참 재미있다. 앞을 뜻하기도 뒤를 뜻하기도 한다. 세상을 먼저 경험한 이전 세대(前)는 시간의 흐름에서는 과거인 뒤통수(後)에 있고, 세상을 더 경험할 뒤 세대(後)는 미래인 이마(前)에 있다. 모순적이지 않은가. 그런데 안데스 문명의 시간관을 보면 힌트를 얻을 수 있다.

안데스 시간관을 말하기 전에 전 세계에 영향을 미친 서구의 시간관에 대해서 먼저 살펴볼 필요가 있다. 루마니아 종교학자 미르체아 엘리아데(Mircea Eliade, 1907~1986)는 『영원회귀의 신화』에서 종교와 시간관에 대해서 설명한다. 고대에서 시간은 무한한 회귀였다. 정기적으로 신에게 제사를 지내는 문화였는데, 히브리 문화에서 '메시아'라는 개념이 생기면서 시간관이 바뀐다. 언젠가 메시아가 온다는 개념과 함께 끝과 미래라는 개념이 생긴다. 영원한 반복에서 해방됨과 동시에 시간은 식선 화살표 모양으로 흘러간다고 생각하게 되었다.

성경에 보면 다음과 같은 표현이 나온다. 한국어판에서 '그는 네 길을 지도하시리라(잠언 3:6)'는 스페인어판에서 '신이 너의 길을 곧게 하실 것이다(Dios enderezará tus sendas)'로 쓰여 있다. 서구에서는 시간은 곧게 흐른다고 생각하고 직선의 흐름이 옳다고 여긴다.

그런데 안데스 문명에서 시간이 흐르는 방향은 완전히 다르다. 케추아어에서는 시간과 공간을 합쳐서 파차(Pacha)라는 한 단어로 부른다. 정적인 파차는 공간이고 동적인 파차는 시간이다.

'파차'에는 냐우파(ñawpa)라는 독특한 개념이 있다. ñawpa는 과거와 미래 모두를 뜻한다. 한자 前처럼 앞도 되고 뒤도 된다. 시간에서 前이라고 하면 이전 세대를 뜻한다. 그런데 공간에서

前은 이후 세대를 뜻한다. 시간이 안데스 사람들이 생각하는 방향으로 흐른다고 하면 前에 대한 설명이 이해가 될 수도 있다.

안데스 문화에서 시간의 방향◆

시공간(kay pacha)의 개념

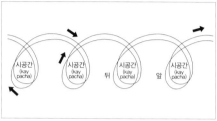

시간의 흐름

안데스에서는 한 공간에 과거, 현재, 미래가 함께 있다고 생각한다. 위 그림의 물방울 모양처럼 시간이 흐른다고 생각한다. 미래가 과거가 되기도 과거가 미래가 되기도 한다.

원 시계를 떠올리면 된다. 지금이 여섯 시라고 해도 원 시계에는 과거인 세 시와 미래인 아홉 시가 여전히 같은 공간에 있다. 과거인 세 시는 내일 새로운 미래가 될 수도 있고 미래인 아홉 시 역시 내일이면 과거가 된다. 원 흐름에서는 앞이 뒤가 되기도 뒤가 앞이 되기도 한다.

◆ 출처 : http://www.ciberayllu.org/Ensayos/EMQ_Concepciones.html

하지만 현재 시각은 여섯 시로 과거와 미래는 관념일 뿐이다. 실존하는 것은 지금 여기(Kay pacha)밖에 없다.

안데스 사람들은 인간의 행동에 따라서 시공간이 달라질 수 있다고 믿는다. 그래서 현재 책임감 있게 행동해야 한다고 말한다.

쾌락주의인 에피쿠로스 학파였던 시인 호라티우스가 했던 말이 떠오른다.

Carpe diem. (Seize the day.)
Aprovecha el día. (아프로베차 엘 디아)
오늘을 붙잡아라.

유명한 라틴어 경구다. 호라티우스는 이 시에서 미래에 대한 믿음은 최소한으로 하고 오늘 와인을 따르자고 했다. 오늘의 중요성을 강조한다.

시간이 흐르는 모양은 잉카 문명과 로마 문명이 다를지언정 오늘을 소중히 여기는 마음은 같다.

하루를 충실하게 보내는 법은 사람마다 다르다. 아이스 아메리카노를 오늘도 마시는 것도, 커피 값을 모아 저축을 하는 것도 하루를 충실하게 보내는 방법이다. 후회하지 않는다면 오늘 하루는 잘 붙잡은 것이 아닐까.

PS

시간에 관한 스페인어 표현

pasado(빠사도) 과거   presente(쁘레센떼) 현재

futuro(푸뚜로) 미래   reloj(렐로흐) 시계

tiempo(띠엠뽀) 시간   momento(모멘또) 순간

노력가

Santiago y el mar

열심히, 성실한.

위 단어는 문맥에 따라 부정적 의미를 내포한다.

- 열심히는 하는데.
- 성실하기는 해.

잘한다는 말이 함께 나와야 위 단어는 고유한 뜻을 제대로 전달할 수 있다. 그렇지 않으면 철저히 조롱의 대상이 되는 단어다.

한국어에서는 일상생활에서 높은 빈도로 쓰는데 외국어로는 옮기기 애매한 단어가 있다. 그중 '열심히' '성실한'이 있다. 그나마 한국어와 일본어는 문화적으로 통하기 때문에 일대일로 치환할 수 있다.

'열심히'는 一生懸命に(잇쇼켄메니), '성실한'은 真面目な(마지메나)라고 한다. 일본어의 '열심'라는 표현에는 '목숨을 걸다'라는 뜻이 있다. 한국어의 '마음에 열을 내다(熱心)'보다 더 무겁다.

서양어의 경우 문맥에 따라 맞게 단어를 고르면 된다.

나는 열심히 공부하고 일한다.

I study and work hard.

Yo estudio y trabajo duro.

공부나 일처럼 성과를 측정할 수 있는 행위에는 hard(duro, 두로)를 쓰지만 그렇지 않은 경우에는 잘 쓰지 않는다. 대신 '많이 much(mucho, 무초) 하다' '최선을 다하다'로 풀어서 말한다.

공부를 잘했다, 라는 말을 서양언어로 하면 측정가능한 결과로 바꿔 말해야 한다.

학교에서 좋은 점수를 받았다.

I got good scores at school.

Tuve buenas notas en la escuela.

'성실한'이란 말은 여러 갈래로 나뉜다. '진실된(sincere/ sincero, 신세로)' '부지런한(diligent/diligente, 딜리헨떼)' '시간을 잘 지키는(puntual/puntual, 뿐뚜알)' 등 세분화해서 서양언어에 대입해야 한다.

다시 처음으로 돌아가서 언제부턴가 열심히 한다는 말을 듣고 싶지 않았다. 성과가 없다는 말처럼 들렸기 때문이다. 잘하는 사람들은 애초에 이런 뉘앙스로 쓰이는 '열심히'의 의미를 들어본 적도 생각지도 못했을 수도 있다.

일본인 친구가 써준 편지에서 단어 하나가 인상 깊었다.

- 努力家(노력가)

일본어에서는 열심히 노력하는 사람을 '노력가'라고 표현한다.

가(家)는 보통 대가, 작가처럼 한 분야에서 인정받는 사람을 의미한다. 노력에도 가(家)라는 호칭이 붙여질지는 몰랐다. 노력가는 목표를 이루기 위해 열심히 훈련을 이어가거나 자신의 능력이나 기능을 갈고 닦는 사람을 뜻한다.

한국어 사전에도 노력가와 노력파 모두 등재되어 있다.

노력가 : 목적을 이루기 위해 끈질기게 애쓰는 사람.

노력파 : 타고난 재능보다는 꾸준한 노력으로 어떤 일을 이루려는 사람.

노력파는 타고난 재능이 부족하다고 암시하는 반면, 위에서 말한 일본어 '노력가' 정의는 노력 자체를 긍정적으로 봐주는 고마운 단어다.

어렸을 때는 명작이라고 말하는 헤밍웨이의 『노인과 바다』를 읽고 이해가 되지 않았다. 소설의 배경은 쿠바 해안가다. 바다에 나간 노인 산티아고(Santiago)는 84일이 넘도록 생선을 잡지 못한다. 그러다 겨우 청새치라는 큰 물고기를 잡게 되는데 돌아오는 길에 상어들에게 다 물어 뜯겨 가시만 남은 청새치와 함께 항구로 돌아온다. 그러고선 낮잠을 청한다.

　빈손으로 온 인간의 사투가 무슨 의미가 있나 어린 시절엔 알 수 없었다. 하지만 지금은 인간의 노력이 수포로 돌아가도 회의주의에 빠지지 않고 최선을 다하는 것 자체가 의미 있다고 생각한다.

　마찬가지다. 설령 '열심히'란 단어가 조롱으로 쓰여도 그늘 속으로 들어가지 않고 햇빛으로 나오려고 한다. '포기자'보다는 '노력가'라는 말이 낫지 않은가.

산티아고 순례길

El camino de Santiago

스페인에는 '산티아고 순례길(Camino de Santiago)'이 있다. 출발지는 스페인 남쪽, 중심부, 프랑스 국경 등 다양하지만 목적지는 스페인 북서쪽 갈리시아 주에 있는 콤포스텔라 성당 하나다.

콤포스텔라 성당에 예수의 열두 제자 중 한 명이었던 성 야고보(스페인명 산티아고)가 안치되어 있다고 해서 성당까지 걸어가는 길을 '산티아고 순례길'이라 부른다.

스페인어권에서는 부활절 주일(Semana santa) 동안 며칠간 공휴일이며 학교에서는 봄방학을 한다. 스페인에서 공부할 때 봄방학을 맞이했지만 가난한 유학생으로서 선택지는 많지 않았다. 일주일 동안 '산티아고 순례길'을 가면 걷기만 할 테니 돈이 적게 들 것 같았다. 그렇게 산티아고 길을 떠났다.

산티아고 순례길은 단순하다. 그냥 걸으면 된다. 모든 길이 순례길을 위해 조성되어 있지는 않다. 그래서 아스팔트 도로를 걷기도, 산꼭대기를 지나기도 한다. 그때는 스마트폰이 없던 시절이었다.

길이 통일성이 없으니 지금 걷고 있는 길이 맞나 의심이 들기도 했다. 그럴 때마다 파란색 바탕에 노란색 화살표가 잘 가고 있다고 알려주었다. 노선 곳곳에는 순례자들을 위한 게스트하우스(알베르게)가 마련되어 있다. 한 방에서 여러 명이 가득 모여 잠을 자고 있으면 이 사람들도 모두 같은 길을 걷고 있겠지, 라는 생각이 들었다.

홀로 길을 걷다 보면 말벗이 생기기도 한다. 함께 걸어가다가도 각자의 속도에 맞춰 좀 더 걷고 싶은 사람은 다음 마을까지 더 걸어가고 쉬고 싶은 사람은 그 마을 숙소에서 쉬며 다시 혼자가 된다.

등산화가 아닌 일반 운동화를 신고 갔었는데 점점 밑창이 닳아갔다. 순례길을 걸으면서 인생과 비슷하다는 생각을 했다.

목적지에 도착하기 위해서는 오롯이 두 발로 계속 걸어가야 한다. 누가 대신 걸어줄 수 없다. 어깨에 멘 배낭 무게도 스스로 감당해야 한다. 언젠가 목적지에 도착하리라는 희망으로 묵묵히 걸어갈 뿐.

'대체 이 길은 언제 끝날까.' 배낭은 점점 더 어깨와 허리를 짓누르고 신발은 헤져갔다. 너무 지쳐서 땅만 보며 걸었다. 문득 고개를 들었는데 콤포스텔라 성당이 모습을 드러내고 있었다. 성당 위 하늘에서 빛이 쏟아지고 있었다. 아직도 생생히 기억난다.

포기하지 않는 인간의 사투를 보여준 소설 『노인과 바다』에 나오는 노인의 이름도 산티아고였다. 포기하지 않고 묵묵히 인생길을 걸어가는 우리 모두가 산티아고가 아닐까.

산티아고 순례길을 걷는 사람들은 표식으로 조개껍질을 배낭에 매달고 다닌다. 조개껍질을 매달지 않아도 행색으로 서로 알아차리고 같은 상황이라는 유대의식을 느낀다. 그리고 인사를 건넨다. Buen viaje(부엔 비아헤, 좋은 여행하세요). 인생길을 걸어가는 산티아고들에게 마찬가지로 빌어주고 싶다.

¡Buen viaje!
부엔 비아헤!

사적인 도서관 이야기
Mi historia en la biblioteca

대학생 시절 도서관은 도피처였다. 사람들과 부딪치지 않고 눈치 보지 않아도 되는 편한 공간이었다. 사람들을 피하러 간 도서관에서 책을 통해 타인과 연결되는 경험이 있었다. 직접 만나지는 못했지만 타인과 연결해준 책 두 권을 소개하고 싶다.

첫 번째는 다와라 마치의 『샐러드 기념일』이라는 시집이다. 다와라 마치는 일본 전통시인 단가를 쓰는 시인이다. 단가는 일본 전통 정형시로 글자 수가 5/7/5/7/7로 구성된다.

당시 초봄이었고 창가에서 햇살이 쏟아졌다. 『샐러드 기념일』 문고판 원서를 펼친 순간 책 사이에 끼워진 코팅된 단풍잎이 나타났다. 마침 햇살과 만나 빛나고 있었다. 아직도 그 장면이 슬로모션처럼 기억이 난다. 촌스럽다고 치부할 수도 있었을 테지만, 4월의 햇살과『샐러드 기념일』, 그리고 단풍잎은 잘 어울렸다.

「この味がいいね」と君が言ったから
이거 맛있다라고 당신이 말한
七月六日はサラダ記念日
7월 6일은 샐러드 기념일
　　　　　　　　- 다와라 마치, 샐러드 기념일(1987년) -

　두 번째 책은 멕시코 법관이자 작가인 라울 카랑카 이 트루히요의『우리 아메리카의 비판적 파노라마(Panorama crítico de nuestra América)』라는 원서다. 중남미는 좌파, 우파, 유럽ㆍ미국 열강 등 다양한 세력의 '정치 실험실'이라 할 정도로 독자적 민주주의를 꽃피우기 힘든 환경이었다. 오죽하면 다음과 같은 말도 있다.

Pobre México, tan lejos de Dios, tan cerca de Estados Unidos.
멕시코는 얼마나 가여운가, 신으로부터 참 멀고, 미국과는 참 가깝네.

　　　　－ 멕시코 前 대통령 포르피리오 디아즈(Porfirio Díaz),

　　　　　　강대국 미국의 간섭으로 독자적인 정치를 하기

　　　　　　힘들다는 한탄의 일환으로 한 인터뷰에서 발언 －

　다시 책 이야기로 돌아와서, 황금빛으로 색이 바랜 책은 너
덜너덜했다. 요즘은 디지털화되어 사라졌지만 예전에는 책 뒷
면 표지 안쪽에 도서대출카드가 있었다. 도서대출카드에는 책
을 빌려간 사람들의 이름이 적힌다. 이 책의 도서카드에는 오
직 한 명의 이름만 적혀 있었다.

　　－ 대출일자 : 81년 5월 6일,

　　　반납일자 : 6월 23일,

　　　대출자명 : 오민석 S과 3년

　대출자 정보를 디지털화하기 전에 빌린 단 한 사람, 그리고
나. 그 사이에 놓인 33년의 세월.

　'제6장 : 이베로아메리카의 민주주의'에는 푸른색 볼펜으로
필기한 한국어 단어들이 나를 반기고 있었다. 오민석 님은 아
마 자신이 이 책을 빌린 유일한 사람이 될지 몰랐을 것이다. 밑

줄 치고 한국어 해석을 적어두어도 여러 명이 빌려갈 테니, 그 다음 대출자가 본인이라고 쉽게 알아차리리라고 상상도 못 했을 것이다. 1981년 데모가 한창일 때 S과 3학년생은 어떤 마음으로 중남미 민주주의에 대한 이 책을 읽었을까? 지금은 어디에서 무엇을 하고 계실까?

이제는 도서관 책마다 붙어 있던 도서카드가 사라져 못내 아쉽다.

Conocer la realidad es lo primero.

현실을 아는 것이 우선이다.

Como mejorarla y superarla viene después.

현실을 개선하고 극복하는 것은 그 다음이다.

No hay ideal sin conocimiento.

지식 없는 이상은 없다.

Amor es conocimiento.

사랑은 지식이다.

― 라울 카랑카 이 트루히요(Raul Carranca y Trujillo) ―

동반자, 적당히 가깝게

Compañero y rival

주변 사람들과 음식을 나눠 먹을 때마다 compañero(꼼빠녜로, 영어로는 companion)란 단어가 떠오른다. 한국어로는 동료, 동지, 동반자로 번역한다. compañero는 com+pan으로 나누어지며 어원적으로는 빵을 함께 나눠 먹는 사람을 뜻한다. 공동 목적이 있기에 생명과 관계 있는 빵까지도 나눠 먹는 것이다.

compañero의 반대말은 rival(리발)로 경쟁자, 라이벌을 의미한다. rival은 라틴어 rivalis에서 기원하는데 강 건너편에 사는 사람들을 뜻하는 단어다. 강물을 끌어다 쓰는 문제 등으로 강 건너편 사람들과 서로 싸웠다고 한다.◆

◆ rival 어원 : https://www.etymonline.com/search?q=rival

산맥이나 강 등은 국경을 획정하는 역할을 한다. 전 세계 국가들을 보면 대부분 가까운 국가끼리는 비슷한 문화를 공유한다. 그런데 또 그만큼 사이가 안 좋은 국가도 없을 것이다. 대부분 가까운 만큼 사이가 좋지 않다. 각자 먹고살기 위해 생태계에서는 경쟁 구도가 자연스레 형성되나 보다.

적도 아니고 완벽한 동지도 아닌 관계가 있다. compañero de ruta(꼼빠녜로 데 루따, 영어로는 fellow traveller)이다. 직역하면 '길동무'나 '여행 동반자'라는 뜻이다. 소비에트 연방에서 러시아 혁명 운동가였던 레온 트로츠키가 볼셰비키 혁명에 관심은 있지만 행동하지 않고 관조적인 지식인들을 비판하기 위해서 이 단어(러시아어 : 스푸트니크)를 썼다고 한다.

1930년대 한국과 일본에서는 fellow traveller를 '동반자'로 번역했다. 같은 길을 가지만, 적극적으로 돕지 않는 사람들을 지칭하는 말로 '동반자'를 썼다고 한다.

동반자 [표준국어대사전]
1. 어떤 행동을 할 때 짝이 되어 함께하는 사람.
2. 어떤 행동을 할 때 적극적으로 참가하지는 아니하나
   그것에 동감하면서 어느 정도의 도움을 주는 사람.

두 번째 뜻은 fellow traveller와 같다. 동감은 하며 어느 정도 도움을 주는 사람. 즉, 적당히 거리를 두면서 사람들과 인간관계를 유지해나가는 사람을 뜻한다.

사람들과 교류하며 적당히 거리를 유지하며 살아가는 자세, 다시 생각해보면 사회생활에서 필요한 자세가 아닐까 싶다.

노래 가사 하나가 떠오른다. "당신은 나의 동반자, 영원한 나의 동반자." 국어사전 2번째 뜻이라면 사회생활에서 만난 사람에게도 할 수 있는 말이다.

스페인어 화자들을 보면 왜 친구(amigo)라는 말을 누구에게나 하는지 궁금했다. 스페인어 사전을 보니 이해가 된다.

친구(amigo) [스페인 한림원 사전]

1. 우정을 나누는 관계

   (que tiene relación de amistad)

6. 모르는 사람이거나 우정이 없더라도 사람을 부르기 위한 표현

   (para dirigirse a una persona, aunque no se conozca,

   o no haya relación de amistad)

어떤 사건과 말로 멀어질지도 모르는 것이 친구관계다. 같은

친구여도 스페인어 뜻 1)이 되었다가 거리를 두는 6)이 되었다가 다시 1)이 될 수 있다. 그러니 오래된 친구라 하여 관계 유지에 연연하기보다는 언제든지 유연하게 관리할 수 있다고 생각하면 어떨까 싶다.

시간은 질투심이 많다

El tiempo celoso

미국 대륙에 최초로 도착한 유럽인은? 정답은 콜럼버스가 아니라 '후안 폰세 데 레온'이다.

콜럼버스는 카리브해 섬에 도착했었다. 콜럼버스 제2차 항해를 따라갔던 후안 폰세 데 레온(Juan Ponce de León)은 1513년 미국 대륙 플로리다에 도착했다. 꽃이 아름답게 핀 모습을 보고 'Florida'(플로리다, 꽃이 핀)라고 이름 지었다고 한다. 그가 대서양을 건넌 이유는 스페인 국왕의 칙령도 있었지만 바하마제도에 있는 '젊음의 샘물(fuente de eterna juventud)'을 찾고자였다.

당연히 그러한 샘물은 찾을 수 없었다. '젊음의 샘물' 이야기 자체가 후대에서 과장해서 지었다는 이야기도 있다. 허나 젊음을 유지할 수 있는 약초나 샘을 찾는 이야기가 동양뿐 아니라 서양에서도 있을 만큼, 젊음으로 회귀하고 싶은 욕망은 누구에게나 있다.

폰세 데 레온과 진시황제가 나이 먹지 않도록 도와주는 샘물과 약초를 발견했다면 지금까지 살아서 우리와 대화할 수 있었을 텐데.

아름다운 순간을 영원히 박제할 수 있다면 얼마나 좋을까. 자연 순리를 거스르기 때문일까? 영원한 반복은 많은 신화와 이야기에서 불행하게 묘사된다.

그리스 신화에서 시지프스는 돌을 등에 지고 올라야 하는 형벌을 받는다. 돌을 정상에 올려놓으면 다시 아래로 떨어져서 다시 이고 올라가야 한다. 소돔과 고모라가 멸망할 때 롯의 아내는 뒤돌아보다 소금 기둥으로 변한다. '뒤를 돌아본다'는 흔히 '과거를 바라본다'와 동의어로 쓰인다. 롯의 아내는 과거에 대한 미련으로 평생 미래로 갈 수 없는 소금기둥이 된다.

시간은 흐르고 동북아권에서 사계는 지나간다. 일본 전통 정형시인 하이쿠는 한정된 글자 내에서 '계절을 나타내는 단어'를 넣어야 한다. 하이쿠 대표 시인 마쓰오 바쇼(1644~1694)는 출가

하여 평생 여행하며 살았다. 행복한 시간을 보내는 그런 여행이 아니라, 길에서 생활하는 고된 여정대로 움직이는 방랑이었다. 자연 순리를 받아들이며 객사하는 것을 목표로 했다. 사계와 같은 자연의 흐름처럼, 태어나서 죽는 과정 역시 자연의 일부라고 생각했다.

언제쯤이면 시간의 변화를 받아들이고 덤덤히 죽음을 바라볼 수 있을까.

여름에서 한 해의 끝인 겨울이 되면 낮이 짧아진다. 여름과 비교해 겨우 두 시간 정도 밤이 길어지는 것뿐인데, 시간의 흐름을 막을 수 없는 인간으로서 무력감을 느낀다. 기쁜 순간을 박제할 수 없는 인간의 운명이 허탈하다.

시간은 질투심이 많다. 너무도 무심하다고나 할까. 힘든 일일 때는 '이 또한 지나간다'로 버티지만 기쁜 순간에도 '이 또한 지나간다'라고 해야 하는 인간의 운명이란.

시간의 질투심에 맞서는 방법이 있다. 바로 하루하루 즐거웁게 살아내는 것이다. 과거도 미래도 아닌 오늘을. 우리가 어떻게 반응할지 지켜보며 빠르게 움직이는 시간이 깜짝 놀랄 만큼 덤덤하게.

이 책 역시 끝을 향해간다. 그렇지만 다시 첫 페이지를 열어 시작할 수 있다. 그래도 소금 기둥이 될 일은 없다. 이 책의 첫 꼭지는 '영원한 봄'으로 영원히 이 책의 방문자들을 반길 것이다.

PS

아메리카 대륙 하면 떠오르는 인물이 폰세 데 레온 말고 더 있다.

크리스토퍼 콜럼버스(1451~1506)
이탈리아 탐험가. 1492년부터 총 4회 아메리카 대륙 탐험을 했으며, 쿠바, 바하마제도, 중미 해안가, 남미 북쪽 발견. 죽을 때까지 자신이 발견한 아메리카 대륙을 아시아로 생각했다.

아메리고 베스푸치(1454~1512)
이탈리아 탐험가. 1499년 아메리카 대륙 탐험, 콜럼버스가 발견한 쿠바와 바하마제도, 남미 발견. '신대륙'이란 말을 처음으로 사용. 독일 지도 제작자가 '아메리고 베스푸치'의 이름을 따서 '아메리카'라고 붙였다.

---

7. 스페인어권 문화 O / X 퀴즈

?/ 문제

1. 아프리카에 스페인 영토가 있다.

2. 스페인에서는 하루 4번 시사를 한다.

3. 스페인에는 대통령이 있다.

4. 스페인어권에서 불교를 국교로 설정한 나라가 있다.

-💡- 정답

1. O / 아프리카 북부 세우타(Ceuta)와 멜리야(Melilla)는 스페인 영
   토다. 카나리아제도도 아프리카 대륙 근처에 있지만 스페인
   영토다.

2. △ / 하루 3번 식사를 한다. 추가로 간식을 2번 먹는다. 아침식
   사(기상 후) – 간식(tentempié(뗀뗌삐에), 12시 즈음) – 점심(14~15
   시) – 간식(merienda(메리엔다), 18시) – 저녁식사(21~22시).

3. X / 입헌군주제로 양원 의회이며 총리가 있다. 한국어로 총리
   로 표기하지만 스페인어로는 대통령과 동일하게 presidente(쁘
   레시덴떼)로 쓴다.

4. X / 스페인어권은 가톨릭 문화가 뿌리 깊다. 가톨릭 기념일이
   국경일의 상당수를 차지한다. 스페인 공휴일 중 가톨릭 관련
   공휴일은 다음과 같다. 1월 6일 주현절(동방박사가 예수를 찾은
   날), 4월 성금요일(부활절 전 금요일), 8월 15일(성모승천일), 11월
   1일 (모든 성인의 날), 12월 8일(성모 수태일), 12월 25일(예수 탄생
   일).

8. 스페인 연말연시 문화

스페인에서는 12월 마지막 주부터 1월 첫째 주까지 약 2주간 연말연시를 기념한다. 스페인에서는 12월 31일 신년 전야를 'Nochevieja(노체비에하)'라고 부른다. 직역하면 '오랜 밤'이라는 뜻으로 1월 1일 기준으로는 옛날 밤이 되는 셈이다. 1월 1일이 되면 새해 인사를 한다.

¡Feliz año nuevo! (펠리스 아뇨 누에보)
행복한 새해를 기원합니다!
¡Próspero año nuevo! (쁘로스뻬로 아뇨 누에보)
새해 복 많이 받으세요!

열두 알의 포도(Las Doce Uvas)
다음 해로 넘어가는 카운트다운인 종소리에 맞춰 일 초에 포도 한 알씩 총 열두 개를 먹는 풍습이 있다. 시간 안에 모두 먹으면 행운이 온다고 한다.

동방박사의 날(Día de los Reyes Magos) / 주현절(Epifanía)
요즘은 크리스마스 이브에 산타 클로스가 오기도 하지만, 스페인 어린이들은 전통적으로 연초인 1월 6일에 동방박사들로부터 선물을 받는다.

1월 6일은 주현절(공현절)이라고도 불리우는데, 동방박사가 아기 예수를 찾아온 사건을 예수의 신성이 처음으로 나타난 날로 본다. 동방박사는 카스파르, 멜키오르, 발타사르로 각각 유향, 황금, 몰약을 갖고 왔다.

동방박사의 날 전날인 1월 5일 동방방사들이 행차를 히여 아이들에게 사탕을 나눠준다. 그날 밤 신발을 놓고 잔 후 다음 날, 동방박사가 놓고 간 선물을 확인한다. 착한 아이에게 선물을 주고 말을 듣지 않는 아이는 선물을 못 받는다고 한다. 이날을 기념하여 가운데가 빈 동그란 케이크(Roscón de reyes)를 먹는다.

[Song] 인생은 카니발 - 셀리아 크루즈

La vida es un carnaval - Celia Cruz

Todo aquel que piense que la vida es desigual tiene que saber
que no es así

Que la vida es una hermosura, hay que vivirla

Todo aquel que piense que está solo y que está mal tiene que
saber que no es así

Que en la vida no hay nadie solo, siempre hay alguien

Ay, no hay que llorar

Que la vida es un carnaval, y es más bello vivir cantando

Ay, no hay que llorar

Que la vida es un carnaval, y las penas se van cantando

Todo aquel que piense que la vida siempre es cruel tiene que
saber que no es así

Que tan solo hay momentos malos y todo pasa

Todo aquel que piense que esto nunca va a cambiar tiene que
saber que no es así

Que al mal tiempo, buena cara, y todo cambia

인생이 불공평하다고 생각하는 이여, 그렇지 않다네,

삶은 아름다움 그 자체야, 살아가야 하지.

홀로 있다고, 되는 게 없다고 생각하는 이여, 그렇지 않다네,

인생에서 홀로인 사람은 아무도 없어, 항상 주변에 누군가 있지.

울 필요 없다네.

인생은 카니발, 노래하며 사는 삶이 더 아름답지.

울 필요 없다네.

인생은 카니발, 노래하면 고통도 떠나가지.

삶은 항상 잔인하다고 여기는 이여, 그렇지 않다네,

안 좋은 상황들은 있지, 그러나 다 지나가지.

이것이 절대 변하지 않는다고 여기는 이들이여, 그렇지 않다네,

힘들 때도 웃는다면 모두 변한다네.

태양의 언어를 만나다

1판 1쇄 2022년 4월 15일

지 은 이 그라나다
발 행 인 주정관
발 행 처 북스토리㈜
주   소 서울특별시 마포구 양화로 7길 6-16
　　　　　서교제일빌딩 201호
대표전화 02-332-5281
팩시밀리 02-332-5283
출판등록 1999년 8월 18일(제22-1610호)
홈페이지 www.ebookstory.co.kr
이 메 일 bookstory@naver.com

ISBN 979-11-5564-258-0 03770

※잘못된 책은 바꾸어드립니다.